罗俊丽 / 著

突发

全媒体时代
舆论处理与引导

人民东方出版传媒
People's Oriental Publishing & Media
东方出版社
The Oriental Press

图书在版编目（ＣＩＰ）数据

突发：全媒体时代舆论处理与引导 / 罗俊丽著.

北京：东方出版社，2025. 1. -- ISBN 978-7-5207

-4063-0

Ⅰ . G206.2

中国国家版本馆CIP数据核字第20242TF519号

突发：全媒体时代舆论处理与引导
（ TUFA：QUANMEITI SHIDAI YULUN CHULI YU YINDAO ）

作　　者：罗俊丽
策划编辑：鲁艳芳
责任编辑：朱兆瑞
出　　版：东方出版社
发　　行：人民东方出版传媒有限公司
地　　址：北京市东城区朝阳门内大街166号
邮政编码：100010
印　　刷：北京联兴盛业印刷股份有限公司
版　　次：2025年1月第1版
印　　次：2025年1月北京第1次印刷
开　　本：710毫米×1000毫米　1/16
印　　张：14.75
字　　数：205千字
书　　号：ISBN 978-7-5207-4063-0
定　　价：59.80元
发行电话：（010）85924663 85924644 85924641

前　言

　　以大数据、云计算、人工智能等为代表的信息技术，正以超越人们想象的广度、深度、速度和力度深刻地改变着世界。互联网发展给生产力和生产关系带来的变革是前所未有的，给世界政治经济格局带来的深刻调整是前所未有的，给国家主权和国家安全带来的冲击是前所未有的，对不同文化和价值观念交流、交融、交锋产生的影响也是前所未有的。当前，随着数智时代的到来，线上与线下深度融合，现实空间与虚拟空间彼此塑造，深刻地改变着人们的生产、生活和交往方式，以及社会治理方式。

　　无论是信息时代、网络时代，还是数智时代，始终不变的关键词是信息。信息是人们做出思考与判断的依据和产物。可以说，人们获得什么样的信息就会产生什么样的认知，从而影响人们的决策和行动。马克思认为，人是对象性的存在物。根据人们所处的对象世界，我们就能判定其生存状态。在某种程度上，信息就是人们所处对象世界的一种综合性体现，对人们的物质生活和精神生活具有深刻的影响。因此，根据人们获取的信息，我们也可以判断其所处的生存状态。

　　德国社会学家伊丽莎白·诺尔－诺依曼认为："舆论是社会的皮肤。"网络作为民众意见和信息的集散地，是社会的"晴雨表"。其重要意义可以从两个方面来理解。一方面，网络舆情具有建构性，具有社会减压阀的作用。网络舆情是网民对某一事件的意见的集中表达，是社会情绪、社会矛盾在网络的集中反映。根据不同的数量、规模和烈度，网络舆情呈现出不同的严重程度，这对于了解民意、化解社会矛盾、推动实际工作具有正向的价值。另一方面，网络舆情也具有一定的挑战性和破坏性。不同类型、不同程度的网络舆情，对相关主体的压力值各不相同。受制于不同舆情主体的媒体素养、实际工作能力等差异，舆情处置的效果也各不相同。总体来说，网络舆情是一种挑战，更蕴含着机遇。

从根本上而言，网络舆情冲击了传统的"中心—边缘"的表达结构。加拿大原创媒介理论家麦克卢汉认为，信息即权力。信息掌控的多寡与权力的强弱呈正相关。在传统媒体时代，执政党和政府处于信息结构的中心位置，掌握着大量的核心信息；而普通民众则处于信息结构的边缘。一般来说，政治系统倾向于屏蔽或降低边缘性的表达，来减少由此可能带来的干扰，但是，又需要维持政治系统的有序和稳定。因而，必须建立良性的信息反馈机制，以便边缘性的信息和意见能够有序地进入权力中心。从权力运行的逻辑来看，权力中心如果不掌握信息，那么其权威就是一种形式权威，无法实现实质权威。但是，在基层向上级或者说"边缘"向"中心"传递信息的过程中，它们会提供有利于自己的信息，隐瞒不利于自己的信息。这就导致权力中心获取的信息容易被扭曲而失真，使得权力中心难以掌握全面的、真实的信息。从这个视角来看，我们党大兴调查研究之风，强调密切联系群众，走好"一切为了群众，一切依靠群众，从群众中来，到群众中去"的群众路线，建立信访制度，坚持全过程人民民主等，都是在通过这些制度和机制来不断完善信息的良性反馈机制。通过良性的信息反馈机制，权力中心可以掌握更为全面的、准确的信息，这有利于对各项工作作出正确的判断和决策，并将形式权威转化为实质权威。值得注意的是，互联网的迅速发展冲击到这种表达结构。由于网络意见的生产主体是不确定的，所以网络舆论的内容也具有极大的不确定性。而且，网络全时性的传播特性，让舆情的产生和发展突破时间与空间的制约，表现出极强的随意性和偶发性。这就改变了传统的、有序的信息反馈机制，边缘性的表达通过网络聚合意见，以舆情的方式为权力"中心"设置议题，呈现出一定的无序性、不可控性，甚至对抗性。

尽管如此，我们还是应当看到，这种来自社会的舆论监督，对传统的信息反馈机制是一种有益的补充，对建立"政府—民众"的良性信息反馈机制具有积极价值。唯物辩证法告诉我们，任何事物都具有两面性。如果网络舆情处置不当，就会产生负面的影响，但是，面对网络舆情的压力，能够及时化解社会矛盾、缓解社会情绪，这对于推动社会发展和我们党提高执政能力，从而实现长期执政都具有积极意义。我们认为，有必要从我们党的执政能力建设和长期稳定执政的高度来认识网络舆情处置的重要性，通过网络舆情处置来贯彻落实"以人民为中心"的执政理念，体现"人民至上"的执政情怀。

基于此，本书将围绕网络舆情的处置和应对方法，探讨十四个网络舆情的基本问题。整体分为三大部分：第一讲到第四讲主要探讨网络舆情的理论问题，包括基本认识、重要性、社会背景和生成原因；第五讲到第七讲主要围绕一般性网络舆情的基本内容、处置原则与基本方法，探讨一般性网络舆情的处置；第八讲到第十四讲则重点分析政府网络舆情与重大突发事件网络舆情的实践应用，通过对典型案例的分析，从实践层面探讨其现状与挑战、种类与特点、演变规律、应急管理处理技巧。

目录

第一讲

正确认识网络舆情

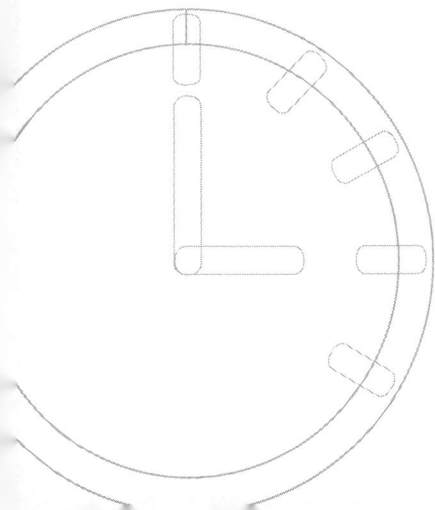

随着数字时代的到来，网络信息充斥着我们的生活。电脑、手机等智能设备好像身体的外接器官，须臾不可离开。只要我们打开这些智能终端，接通网络，各种新闻报道、论坛信息、热搜话题便纷至沓来。在这些纷繁复杂的网络信息里，我们不仅可以看到正面的舆论宣传，也可以看到一些携带负能量的信息。这些信息之中，有正常的新闻报道，也有网友的批评呼喊、冷嘲热讽。其中很多信息，我们很难在传统媒体上看到。与传统新闻报道相比，互联网上的信息更加容易引发公众议论，形成民意，掀起波澜，进而引发社会公共事件。这些信息就是我们通常说的网络舆情。

网络舆情可以反映网民对于某件事的看法，代表着部分网民的意愿。对于当前的管理者来说，不仅要注重传统舆论的民意，还要充分重视网络舆情，提升自身准确判断舆情并做出正确反应的能力。在如今新旧媒体共存的情况下，正确认识网络舆情并巧妙化解舆论危机就显得非常重要。第一讲从基本的概念入手，辨析网络舆情与我们平常熟知的网络舆论、网络民意等名词的差异，厘清网络舆情不同于一般意义上的社会舆情。由于网络技术的加持，网络舆情呈现出独特性。每一场网络舆情都由基本的四要素组成，即网民、管理者、态度立场、引爆者。

一、什么是网络舆情

从某种意义上看，我们都是网络舆情的参与者，因为我们一刻也不能离开网络媒体。网络媒体被认为是第四媒体，其传播力和影响力已经大大超过报纸、广播、电视等传统媒体。加上智能手机的普及，网络无处不在，互联网成为反映社会舆情的主要载体，在舆情传播中起着重要作用。网络舆情与社会舆情在内容表现形态方面具有一致性，它们都反映着人们的现实心理状态，同时网络舆情与社会舆情相互影响。那么，何为网络舆情？

舆情是民众对于事件发生、发展和变化的态度与反应。简而言之，就是民众对于某个事件的看法和意见。所以，舆情本身是民意，是意见。它能对政策的制定等决策行为产生影响，并能对社会事件乃至经济和社会的发展产生影响。网络舆情就是通过互联网表达和传播的各种不同情绪、态度和意见交错的总和。

网络舆情有多种多样的表现形式，网民借助微信、微博、QQ群、抖音、快手、小红书、B站（哔哩哔哩）、新闻聚合、自媒体等平台对某个事件发表自己的言论、意见，表达自己的情绪、态度。我们一般说的网络舆情是指网络舆情信息，就是网民在互联网上发布和传播的能够反映民众舆情的文字、图像、音频、视频等，往往是以文字形式为主。

我们可以这样理解网络舆情的内涵：首先，网络舆情以网络媒介为平台；其次，网络舆情常围绕公共事务和社会事务而产生；最后，网络舆情集中诸多网民的意见和态度。因此，网络舆情是指网民借助互联网平台，在一定时期内，在网络上发表自己所关心、关注的或与自身利益相关的公共事务的意见、观点、态度和情绪等，并且这些言论能够形成具有一定影响力的舆论。

二、如何区分网络舆情、网络舆论和网络民意

为正确理解网络舆情，我们还必须辨析两个容易和网络舆情相混淆的概念，即网络舆论、网络民意。它们虽然和网络舆情只有字面的差别，却在指称上属于不同的范围。

网络舆情不是网络舆论。舆论是指一定范围内多数人的集合意识及共同意见。舆论是形成了交集的公众议论。网络舆论是以网络曝光信息为载体形成的网络公共舆论场。网络舆论强调的是多数人对某个问题发表的意见，以及通过网络公开发表的意见。网络舆情不仅是网民对某一问题观点的表达，

还包括网民对某一问题情绪、态度、意愿等心理的表达。网络舆论是网络舆情的一部分，且二者在反映内容方面有许多重合之处，都具有一定的影响力。

网络舆情不是网络民意。民意是人民群众公开或非公开发表的意见、意愿或思想。民意不代表每个人的意见，它是一个团体经过思想交流，汇集成对某件事的各种意见。民意是社会舆论的一部分，它是社会成员一致意见中符合历史发展方向的意见。同理，网络民意是网民公开或非公开发表的、经过思想交流后汇集的意见。网络舆情与网络民意都包含公开或不公开的部分。网络民意主要是指一个团体一致的意见；但网络舆情不仅包含团体的意见、观点和态度，还包含分散的个人意见、观点和态度。可见，网络民意的范围比网络舆情的范围狭小。

三、网络舆情与社会舆情

自网络舆情产生以来，就存在内容与现实、情绪与理性、谣言与流言等方面关系的讨论。从网络舆情的信息来源和传播方式、事件走向、持续时间、情感表达以及完整性等方面分析，网络舆情呈现出以下特征：新闻源头不可控、传播速度不可控、内容真假不可控、舆论放大不可控。

网络舆情的自发形成是由于互联网的低门槛。随着社会的不断发展，公民表达自由的权利日益受到关注，在互联网媒介开放的技术支持下，人人都成为信息的生产者、传播者和评论者，所有人都能畅所欲言。只要有事情发生，网友们就可以在微信、微博、抖音等不同的社交媒体上发表自己的看法、观点和态度。

网络舆情是社会的"晴雨表"，它有着明显的利益指向性。马克思指出："人们奋斗所争取的一切都同他们的利益相关。"网络舆情的实质是社会矛盾在现实生活中的折射。社会矛盾是社会存在与发展的根本，随着时代的发展与进步，社会矛盾也会表现出各种形态，或大或小，并处于不断发展之中。当社会冲突影响到了网友的切身利益，引起了网友的不满，那么社会冲突就有可能变成公共问题，从而产生网络舆情。

网络舆情就像是一股风，随着时间的推移会慢慢平息。网民参与政务的意识越来越强，他们想要表达自己利益的需要也越来越多。一旦出现这种情况，他们就会通过互联网这个平台发表自己的看法，表达自己的立场，从而让自己的个人观点在互联网上聚集，互相传递，进而产生一股强有力的舆论力量。但是，随着社会事件的频繁发生，社会热点层出不穷，新的事件也会迅速地在网络上形成巨大的舆情，在一定程度上掩盖网民对之前事件的关心和议论。因此，网络舆情是有时间限制的。

舆情是一种社会情绪的表现形式，因其快捷、方便的特点而具有较强的情感色彩。通过互联网，网民可以在一段时间里就他们所关注和关心的，或者是与他们的利益有关的公共问题，在网上表达他们的观点、看法、态度和情绪，从而形成一种有一定影响的公众舆论。因此，情绪化是网络舆情的重要特点。在公众利益受到侵害的时候，部分网友会产生情绪化的表达。同时，网络具有匿名性、开放性和自由性等特点。

在网上，同样的事情，横看成岭侧成峰。可以看到，网络舆情往往只是一面之词。网络舆情受到许多主观和客观因素的影响，例如，网民本身的利益、受教育程度、对突发事件的理解程度等。他们所表达的观点和态度都是比较感性的，缺少一些理智。另外，理解网络舆情并不意味着你就能把握住整个社会舆论。在现阶段，网民的人数、年龄、职业和教育水平参差不齐，存在着较大的差异，所以，不能由一部分网民的观点来代表所有网民和广大民众的观点，网络舆情仅能被看作社会舆论的一种表现形式。同时，互联网的匿名性，有时候也会导致网络舆情的失控。

四、网络舆情的主体

网络舆情的组成要素和它们之间的关联，是网络舆情演变的内在基础。评测各要素的属性，是实现网络舆情监控和预警的依据。从网络舆情的概念入手，构成网络舆情的基本要素包括以下几个方面：作为网络舆情客体的管理者，作为舆情刺激源的中介性社会事项，以及作为舆情本体的民众社会和政治态度，其载体是网络上的新闻、评论、发帖、回复等。

网络舆情的主体参与者是网民，他们的知识水平、社会地位、经济地位和社会道德文化等因素都会影响其对社会问题的看法。

网民这一术语最初由美国人米歇尔·霍本提出。霍本认为，一般人对"网民"的认识，实际上包含了两个层面：一是对所有互联网用户的概括，包括黑客、病毒制造者等；二是对广大互联网社会（或者环境）抱有较强关注意识，通过集体努力构建有利于所有人的网络社会的一批网络用户，而不包括黑客、病毒制造者和沉迷网络的人。

当前，我国对网民的定义主要集中在网民的范围指称上，并以网络使用者的网络行为为基础来定义。从生活习惯来看，网民很有可能一天要花费好几个小时甚至更多的时间在网上，加之现在的各种移动通信设备，使得网民在远离办公室和家庭的情况下，也能在任何时间、任何地点上网。从社会学的角度来看，网民通常会频繁地出现在不同的网上论坛中，并且就某个话题或事件发表自己的观点。在互联网环境下，公众的真实身份被隐藏，使得其有了较大的表达空间，因而网民的意见往往被视为公众意见的最真实体现。

网民有广义与狭义之分。广义的网民包括网络使用者；从狭义的角度来看，网民是不断接触网络中的信息，有自己的意识，也有自己的网络思考模式的一批人，他们通过网络以及特有的活动来观察社会现象和各种社会活动，并参加推动真实社会中的社会关系的良性交互。从这一定义来看，狭义网民的定义主要体现网民的认知水平、社会参与意识和网络行为。

鉴于网络舆情分析主要关注网络舆情的宏观影响，这里的网民是指狭义的网民。

网民存在着一些认知特点。认知是人的最基本的心理过程，是人们在对客观事物与主观世界进行分析、解释时所产生的一种信息加工和感知过程。它被认为是一种积极的、可解释的活动，与人的认识过程密切相关，是人的认识过程的一种产物。认知过程是人类通过感知与外部世界的联系，对外部世界的信息进行再加工，并将其转化为内部的精神活动，从而影响人类的行为。我们可以看出，人类的认识主要受到三个方面的影响：第一，外部环境；第二，人类已经存在的知识；第三，二者的结合。网民的认知与其所处的社会环境、文化背景、道德、价值观等因素有关，呈现出各自的特征。

网民的话语是网络主体对特定事件的认识和看法的表现形式，它反映着网络主体对事件的评价与态度。网民对某一社会事件的看法大致可分为强烈赞成、赞成、中立、反对、强烈反对等。

五、网络舆情的客体

国家和政府管理者是公共权力的行使主体，其管理行为、管理方法、管理水平和管理效益，都会对社会公众的态度产生重要影响。同时，政府管理者还能通过网络和传统媒体进行信息交互，成为网络舆情的参与者。

（一）网络舆情客体的双重身份

国家行政管理人员是网络舆情的客体和对象，也是舆论的指向。在社会大众的心目中，行政人员有一种独特性：首先，他们的行动过程和后果比一般人更广泛；其次，其行为和后果具有一定的权威性；最后，其行政行为涵盖了政治、经济、文化、军事和民族等各个重要方面，行为后果也在一定程度上影响着整个社会的发展。因而，行政人员在公共权力行使过程中的表现，更易受到公众的重视，也是公众舆论关注的热点问题。

同时，国家的行政人员也是舆论的一部分。政府官员出现在网上，和网友进行交流并在互联网上发表自己的消息，已成了一种体察民意、引导和控制网络舆情的重要手段。

（二）网络舆情客体的属性

国家管理者往往是网络舆情指向的对象，他们的执政能力和水平将会影响公众态度，具体体现在执政方式、危机事件应对、对舆情的反应是否迅速、是否能够快速出手调控等方面。

1. 政府公信力

公信力是基于社会大众的信赖而形成的一种社会影响与控制力，它体现了人们对政府的行为与能力的评估，也就是人们对政府的满意与信任程度。从一定意义上讲，公共信用是政府功能行为在社会中的产物。政府的信誉来自政府职能的发挥，它的作用方式与诚信程度等都会随之变化。

政府的公信力与其职能的目标定位、理念、方式和效率有着紧密的联系，主要表现为政府行为的法治化、民主化和科学化。因此，政府职能的行使应尽量做到公开、透明、公正、民主和高效。

2. 政府危机公关能力

危机事件具有突发性和危害性等特点，极易受到社会各界的广泛关注，从而成为舆论热点。在应对突发危机事件时，政府的应对能力将会直接影响突发事件的发展，从而影响公众对政府的态度。在2020年新冠疫情期间，我国政府采取的一系列主动行动取得了良好的社会舆情效应。

政府危机公关能力主要表现为对突发事件的快速反应、决策、控制以及资源配置，具体表现为对突发事件的快速感知、处理方案的制订与实施、对不同类型的复杂局面做出科学的决策、把握事件演变过程中的关键节点、统筹各种资源的配置等，通过审时度势、把握时机、果断决策、优化分配等实现对危机事件的最好解决。

3. 政府信息处理能力

在当今社会，通信技术十分发达，通信方式也是五花八门，通过网络、手机等方式，各种各样的信息都被迅速、全面地传播开来，而政府决策信息的公开则会迅速地影响到其他信息的扩散与控制。

政府信息的处理能力主要体现在对各类信息的分析、判断、运用、引导等方面。网上的评论五花八门，什么是真实的，什么是编造的，都要有"火眼金睛"才能分辨出来。同时，管理者要善于运用电视、网络、报纸等多种媒介，将真相传递给公众，并对公众做出及时的反应，积极引导并营造一个良好的公共舆论氛围。

六、网络舆情的本体

网络舆情的本体是指公众对政府行政人员的社会和政治态度，具体体现在支持、反对和中立的立场上，并具有很高的强度。在网络环境中，这些观点通过网络上的言论和行为表现出来，以文字、图片、视频等形式呈现。这些文字、图片、视频是网络舆情的载体，主要存在于网络空间的各种平台上。

（一）网络舆情存在的场所

互联网上的信息主要通过网页、公众号、短视频、互动板块等进行传播。

网站的类型有政府新闻类、新闻传媒类和商业性门户类。政府新闻网站是政府新闻信息的枢纽，它以发布政府要闻、专题报道和评论为主，具有很高的权威性，如新华网、人民网、中国新闻网等。新闻传媒网站以报纸、电视台等传统媒体的网站为代表，对重大事件进行跟踪报道，并对社会热点进行评论。商业性门户网站包括新浪、搜狐、网易等，主要是政治新闻、财经新闻、体育新闻、娱乐新闻等。

公众号、短视频是互联网用户发布信息的一个平台，有兴趣的网友可以在此进行互动。互动板块为网友们提供了一个自由表达想法的平台，使信息的传递超越了时空的限制。

微博、微信、小红书、抖音等社交媒体和短视频平台由于其快捷便捷的通信方式，特别是 5G 技术的普及，已逐步成为一种主要的信息传递途径。

（二）网络舆情存在的形态

网络舆情有两种形态：一种是网络言论，指舆情的静态存在；另一种是网络行为，指舆情的动态性。根据其表达方式，可将其分为文字表达、图片表达、声音表达和视频表达四种类型。在网络上，文字评论是一种最常见的表达方式，它广泛存在于论坛、公众号、微博、抖音、小红书等社交媒体和短视频平台。图片言论包括图片、符号和卡通画等，可以更直接地表达出言论发表者的态度取向。视频所表达的内容是最丰富、最有感染力、最有影响力的。

网络行为主要体现为网络上的转载、跟帖、创作，以及网络示威、网络动员、网络搜索、网络组织等网络群体行为。信息传播的频率、广度决定了其传播的速度与范围。群体行为因其自身的群体特性，对网络环境的影响会很大，甚至可能演变成实际的行为，对整个社会造成巨大的冲击。

（三）网络舆情本体的属性

网络用户的社会和政治态度主要体现为其对某个社会事件的看法和强度。网络舆情所具有的时间、空间特点，主要是指其持续性以及数量特征。

1. 网络舆情的强度

网络舆情的强度主要体现为互联网用户对某个社会事件的态度取向和影响力的强弱。网络舆情的强弱主要表现在言论和行为两个方面。比如，在表示舆情的话语中，语义传达的是肯定、否定或中性的态度，柔和、激烈、委婉或尖锐的措辞。语气、措辞反映出网友们的观点有多坚定。

2. 网络舆情的质

网络舆情的质是指在网络舆情中所表现出来的社会认识或政治态度是否

理性、真实，是否能体现民意。网络言论的匿名性、网络舆情主体的心理与认知、网络舆情的传播过程等，都会对网络舆情的质产生一定的影响。在网络舆情中，理性思维和情感宣泄共存，现实的反映和恶意的扭曲共存，坚持和从众共存。网络舆情的特点表现为：第一，舆情与客观事实的一致性；第二，公众舆情的理性思维；第三，舆情能否真正体现民意。错误的言论可以引导公众舆论的方向，而话语权力的独占则会阻碍民意的表达。质量差的舆情会影响到实际问题的有效解决，而优质的网络舆情则可以为相关部门的决策提供参考。

3. 网络舆情的量

网络舆情的量是人们对某一社会事件持有不同的态度取向的信息量。网络舆情的量反映了特定事件的传播状况和影响范围，反映了网络舆情在空间上的分布特点。随着网民数量的增加，舆论的影响力也越来越大。随着时间的推移，网络舆情的数量也在某种程度上反映了其发展趋势。

4. 网络舆情的持续性

网络舆情的持续性，是指网络舆情从产生到发展直至消亡的过程。舆情的历时长短，就是舆情对社会舆论的影响程度。舆情历时之久，既反映了舆情的热度，也反映出舆情所指的问题有没有得到妥善、及时的解决。

七、网络舆情的中介

中介性社会事项是网络舆情的刺激源，它促使人们对政府官员的某种社会政治态度的生成与维持，进而影响舆论的倾向与力度。

（一）中介性社会事项的内涵

因为网络舆情的对象是国家行政机关，因此，中介性社会事项必然涉及政府的决策和管理。中介性社会事项是公共权力运作的过程和成果，展示着公共权力运作的主体、公共权力运作的模式。中介性社会事项必须是具体事件，又表现出显著的外部性。由此，我们可以知道构成中介性社会事项的三个要素，即主体、行为、事件。

1. 公权力运行的主体

公共权力的行使主体主要是国家和国家公共权力机关中依照法定或委托的方式行使公共权力的组织或个人。这一对象可以是国家行政机关、事业单位，也可以是那些被称为"官方"的个人或机构。

2. 公权力运行的行为

公共权力的运作过程及其后果，是指国家行政机关在行使公共权力的过程中的方式和方法，同时也是指行政机关制定并执行的各种方针政策、制度法规、工作措施。它既可以是对特定事物、特定人的反应和处理的管理行为和后果，也可以是更一般的、涉及一般公民的管理行为和成果。

3. 公权力运行的相关事件

一般情况下，舆情都是由一些事件引发的，这些事件将一些隐藏的观点暴露出来，形成了舆论。比如，高房价已成为多数工薪阶层的共识，而2009年武汉保障性住房"六连号事件"的出现，使这一观点逐渐浮出水面，并不断积聚，最终成为舆情焦点。

（二）中介性社会事项的类型

根据公共权力运作的进程与后果，中介性社会事项可被划分为与活动进程有关的事项和与活动结果有关的事项。前者如民主程度、信息公开等，而后者则是制定的各种方针政策、制度法规等。按照公共权力运作的对象，中介性社会事项可划分为一般事项与特殊事项两类，前者是涉及多数人的重要事项，而后者则是涉及具体事务的事项。

从影响因素上看，网络舆情所指向的中介性社会事项可以归纳为六类：

一是经济事项，如经济衰退时期的失业、通货膨胀等；二是政治事项，主要有国内外重大的政治问题；三是社会事项，如违反伦理道德的事件、公共安全犯罪等；四是政策事项，主要是政策、法规的出台及其对经济发展的影响；五是公职人员方面，主要表现为工作方式上的简单、粗暴，对人民群众的利益造成伤害或者贪污腐化现象；六是突发事件，主要是指政府在应对危机、信息公开等过程中所采取的行动和后果。

第二讲

为什么要重视网络舆情

第一讲解决的是概念问题，即是什么的问题；第二讲将解决怎么样的问题，即网络舆情是怎么演变和传播的，是如何形成的，在什么样的舆论场中形成，以及对社会、政治、文化等方面有什么影响。网络舆情的形成有规律可循，遵循着一定的消长变化模式，在微博、门户网站、论坛、短视频平台、公众号等不同舆论场中呈现出不同情况。更重要的是，它会影响公共决策、民主政治，冲击既有的社会伦理道德，对国家的文化安全带来挑战。

一、网络舆情如何形成及演变

社会大众对现实问题形成的态度和意见，在网络上发布出来，携带一定情绪，牵动着众多网民的心，进而形成网络舆情。网络舆情的形成遵循一般社会舆情的演变规律，只是由于态度、意见和情绪的表达完全在网络平台上，而不是面对面的表达，才呈现为网络舆情。但是，其演变规律在本质上是一致的，都要受到主客观因素的影响，经过一定的发展阶段，形成不同的演变模式。

（一）舆情形成的主要因素

从本质上看，舆情的形成是一个"刺激—反应"的过程。社会问题对民众有刺激，民众对该问题的刺激产生反应，即产生态度、意见乃至情绪。舆情的形成过程就是社会大众对客观现实问题的认识和反应过程，因此受到客观现实影响，也有民众主观认知作用的影响。

1.客观因素

前文已述，中介性社会事项是舆情产生的导火索，这种中介性社会事项是客观存在的，它所展现出来的社会矛盾和社会问题也是客观性的存在。社会矛盾和它的运作是社会生活发展与变迁的内部基础，同时也是网络舆情的客观来源。尽管事件的发生有一定的偶然性，但就其表现出的问题而言则有必然性。其中既有社会发展的历史阶段的原因，也有国家决策者对社会问题、社会矛盾的处理方式等方面的原因，这些都是客观性的存在。舆情不过是隐藏在人们内心深处的意见、观点与看法等通过某些事件集中展现了出来。

作为社会舆情的主体，大众是生活在特定社会背景下的一群人，其心理特点和认知模式受到社会文化、宗教信仰、社会风俗等诸多因素的影响，同时也具有客观性。另外，科技的发展促进了交流模式的转变，使得信息传播更快速、更方便、范围更广，也使得人们的信息获取方式发生了变化，从而影响到舆情的迅速聚合。

2. 主观因素

公众对社会问题所持的政治态度，是其对这一事件的评判，带有一定的主观色彩。个人对一件事情的判断受到自己的知识水平和认知能力的制约，而且主观判断很可能会受到个人情感、心理等因素的影响。因此，就算是对同一件事情，不同的人也会有不同的理解。个人态度中存在着理性和非理性、客观和扭曲、片面和全面等方面的问题。

公众的主观评价在某种程度上会被其他人的看法所左右。一个人的态度一旦被表达，必然会引起不同的情感、态度、观点等的交换。在沟通的过程中，个人的看法会互相影响，这些看法和判断会有一个重新认知与调整的过程。舆情在交流、碰撞后，最终形成一种态势：某一方占据优势，或者双方旗鼓相当、势均力敌。

（二）舆情形成的基本过程

舆情热点通常是由特定的事件或问题引发的，涉及民族利益的事件、自然灾害事件、弱势群体的事件、反映社会道德困惑的事件、反映当前社会主要矛盾的事件，以及与民生有关的政策法规等，通常都会引起社会的注意，从而产生一定的情感、态度和意见。公众的情感、态度和观点在人们之间不断地交换，在一定程度上获得了公众的认可，从而构成了一个比较稳定的舆论结构和秩序，舆情即告形成。网络舆情的形成要经过三个阶段，即个人意见表达、社区意见碰撞和网络舆情生成。

1. 个人意见表达（酝酿阶段）

舆情的形成是由深层次的社会问题、社会矛盾及已经发生的社会事件等因素的综合影响而产生的，它的出现引发了人们对社会问题、社会矛盾的思考，并形成了自己的情感、态度和观点。

从舆论的量上分析，舆论的生成呈现出由渐变到突变、由量的累积到质变的演化过程。因为在特定的情况下，社会矛盾呈现出逐步积累和深化的特点，与之相对应，大众对它的认知也是一个逐步发展的过程。但从另一个角度看，以事件为导火索，则会引发较大的社会反响，舆情表现较为集中。

2. 社区意见碰撞（汇聚阶段）

当一个人的情感、态度、观点形成之后，在人与人之间、群体内部进行各种观点的交换之后，就会有更多的人注意并加入讨论，从而使事件受到的关注度更高，产生的影响力也会更大。在互动的过程中，个人也会对自己的态度进行持续的调整，当他们之间的态度发生冲突时，不同的意见会慢慢地聚合，出现一些意见，这些意见会逐渐发展成一种有很多支持者的主流观点。舆情汇聚阶段的特点是：关注人数持续增多，信息传播速度加快，互动频率增加。

因为作为舆情的主体，公众处在一个特定的社会团体之中，即便在某些情形下，他们并没有明确的组织，但由于不同的利益需要，他们也会形成不同的团体；所以，在汇聚阶段，个人的态度会逐步地聚合为团体的态度趋势。在群体态度的形成中，个体往往会产生从众心理，并呈现出一种沉默的螺旋现象（伊丽莎白·诺尔－诺依曼在《沉默的螺旋》一书中提出的舆论生成现象）。

3. 网络舆情生成（形成阶段）

当个体的情感、态度和观点聚集成一个集体的态度时，就会产生舆论，形成舆情，并表现出特定的态势。舆情是由网络、广播、电视、报纸等媒介与个人意见演变交互作用下的信息在特定时间点上的呈现。

（三）舆情演化的主要模式

舆情在各种因素的作用下，会呈现出上升、起伏、消退等演变趋势。从总体趋势来看，舆论发展具有多种特点，大致可归纳为如下几种类型。

1. 消退模式

从长期发展来看，任何一个网络舆情话题通常都有一个从生成到消亡的基本过程。这便是网络舆情演化的消退模式，如图 2-1 所示。

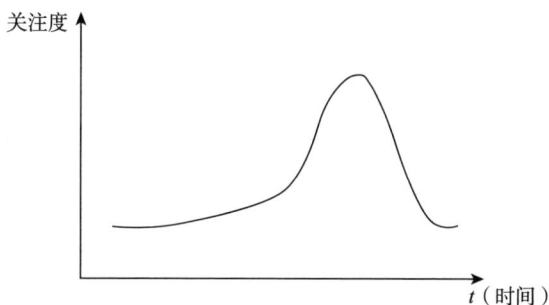

图 2-1　消退模式

舆情消退是一种不可避免的趋势，一些社会事件的舆论会慢慢平息。舆论是由媒介事件引发的，在事件发生后，随着事件的消失或者被解决，或者新的热点事件的出现，旧事件的舆论会慢慢平息。然而，这一舆论并没有完全消失，尽管人们对特定事件的态度、看法、观点都消失了。政府作为舆论的对象，其态度却发生了变化，并融入民众的意识，这是一个长期的过程。一旦出现了新的诱因或与之相关的事情，这一舆情很容易就会被网友们翻出来，重新炒热。新的事件又会引起公众的再次注意，而这种认知与刺激的信息将会持续影响公众对新的事件的看法。

2. 逆转模式

舆情逆转是指舆论在一定的时间内受群体意识、社会价值观、社会心理、信息传播等多种因素的共同作用与影响，使得舆论的总体态势出现了一个逆向的转变，从以持有某种观点的群众为主，变成了以持有另一种意见的群众为主，如图2-2所示。

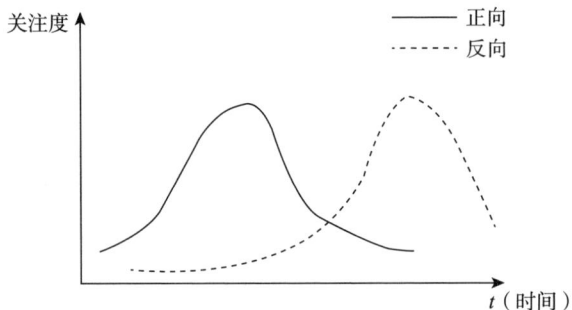

图2-2 逆转模式

舆情逆转具有突发性、反复性和非理性的特点。在互联网环境中，舆情逆转更易出现。在互联网传播的大背景下，一些人对事件形成了自己的观点，并不轻易附和主流观点，而是将其具有一定倾向性、影响力的观点加以掩盖，并通过对事件的探讨，逐渐获得更多网友的认同，从而与持主流观点的人数不相上下，甚至超过或改变多数，从而成为新的主流观点。

3. 波动模式

在网络舆情的发展历程中，一般不会呈现直线上升或者直线下滑的趋势，而是呈现出一种波动的形式，如图2-3所示。

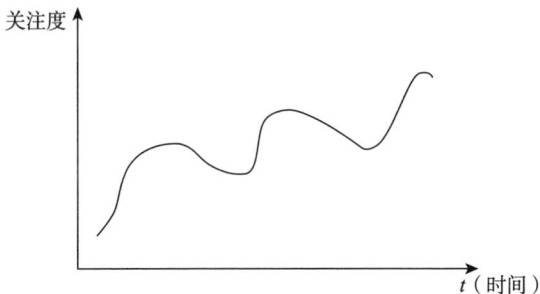

图 2-3　波动模式

波峰是指舆情上升的顶点，而波谷是舆情下降的最低点，高峰和波谷交替发生。舆论是由社会事件、政府行为、信息传播途径、公众利益与心理等多种因素共同作用的结果。由于不同的影响因素都具有一定的不确定性，因此，舆论的变化也就呈现出波动的现象。舆情的波动运动体现为舆情在时间、空间和强度上的量变。

舆情的空间波动主要体现在：随着时间的推移，舆论的影响范围会有大有小。同样，舆论的波动也体现在支持、反对和中立等不同意见取向的人的数目上。波动的结果是，在不同时间点上，舆论呈现出不同的态势：一些舆论在时间和空间上交替波动，表现为波状运动；另一些舆论会有一个稳定的时期，然后呈现上升或者下降的梯形模式；如此等等。

4. 聚集模式

在网络舆情形成初期，人们可能会对网络上的舆论采取支持、反对、中立等不同的态度与看法，此时舆论很不稳定。各方都表达了各自的看法和观点等，并且相互之间产生了激烈的争论，这是因为支持各方观点的有关信息的数目在不断地增加，而有关信息的数量也在不断地交叉上升，显示出了争论的激烈程度。在大众的交流与碰撞中，大众对公共问题的认知逐渐加深，一些观点逐渐汇集，形成了相对稳固的民意。而在新的经济刺激下，民众的态度与看法又会由多元走向多元，再次趋于稳定。

针对多个议题，也会有新的议题被添加进来，将多个议题的关注者聚集起来，并将其转移到这个议题上，成为某个主流议题，如图 2-4 所示。

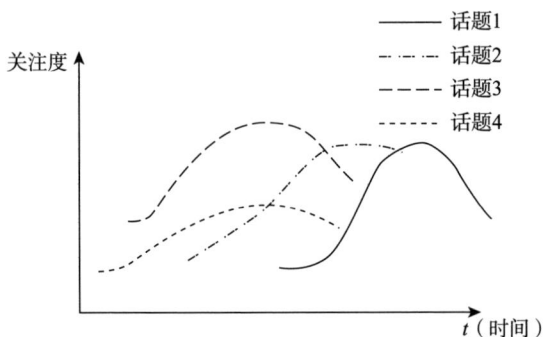

関注度

—— 话题1
—·—·— 话题2
—— —— 话题3
------ 话题4

t（时间）

图 2-4　聚集模式

5. 衍生模式

衍生模式则与主题的聚合反向，是指由一个议题引出其他相关议题的现象，大众的焦点甚至会由当前议题转向次要衍生的议题，如图 2-5 所示。

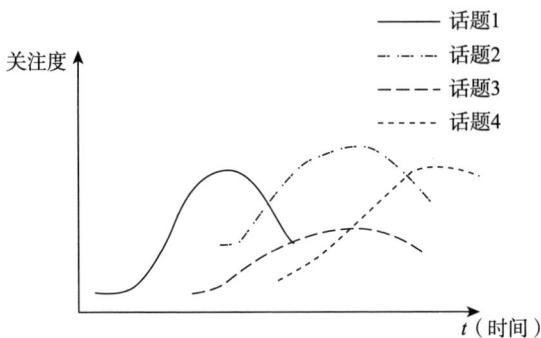

関注度

—— 话题1
—·—·— 话题2
—— —— 话题3
------ 话题4

t（时间）

图 2-5　衍生模式

在互联网环境下，舆情可能朝着任意一个方向发展，其路径具有不确定性和多变性，使得原本的舆情能够产生多种议题。随着事态的发展，网络舆论焦点也会随着时间的推移而改变，例如"周正龙虎照"一案，就由最初聚焦照片的真假，转向聚焦照片背后的利害关系。

二、网络舆情及舆论场

（一）舆论场的内涵

1. 舆论场的概念

舆论场是一种由多个互相激励的要素组成的空间和时间环境，它使得人们能够在一定的时间和空间上达成共识。网络舆论场是在互联网环境中，人们对社会事件、问题和现象进行信息传递、交换观点的一种时空环境，它是真实社会舆论场的扩展，也是民意搜寻的主要阵地。

2. 网络舆论场的特点

第一，话题涉及领域广。在网络上，由网站管理员、版主或网民发起的话题的范围很广，涵盖了社会的方方面面。因此，几乎什么话题都有。

第二，话题无法控制。网络舆论场表现了现实的社会舆情，但网民的集聚就像一群人的集合一样，它的言论方向是不可控的、难以预测的，充斥着盲从与突发。

第三，讨论的话题随着舆论场的变化而变化。当前，网络舆情的传播呈现出传统媒体、网络媒体与社会媒体相互融合、互动、转化的特点。不管是传统媒体还是网络媒体，只要消息够劲爆，都会被其他媒体报道，甚至是深入挖掘。不同的媒介形式，在相互影响的过程中共同设定议题。

（二）舆论场的主要类别

目前，新闻网站、微博、微信之类的即时通信工具、移动互联网、社交网络、网络视频、百科类网站、境外网站等，都是网络舆情监控的主要对象，也是我们说的主要的舆论场。

1. 新闻网站

新闻网站主要有综合新闻网站、门户网站新闻频道及传统新闻媒体网络版。综合新闻网站又分为地方性新闻网站和中央级新闻网站。

新闻网站在这一方面有着得天独厚的优势：与传统新闻媒体一样，其网络版拥有独立的采编权；门户网站拥有新闻转载权，拥有强有力的传统媒体资源。所以，新闻网站已经成了各种新闻的最大集散地，是最高效的传播媒介，也是网民获得信息的一个重要途径，更是他们表达自己观点的一个重要平台。

新闻网站可以在最短的时间内发布消息，门户网站可以扩大其传播范围，而网友则可以在此基础上对新闻进行跟帖和评论，最终形成互联网舆论。新闻跟帖是人们寻找舆论的一个窗口，随着某件事的新闻跟帖数量和点击数量快速增长，这件事情就越来越受到网友们的广泛关注。通常情况下，如果一条消息的跟帖量比较大，那么它就具备了舆论价值。新闻网站监控的主要内容有两个：一是主要板块，二是重要新闻。

2. 社交媒体

（1）微博

微博，也就是微博客（Micro Blog）的简称，它是一种以用户关系为基础的信息共享、传播和获取的平台，使用者可以在 WEB、WAP 等不同的客户端上构建个人社群，用较长的文本来发布信息，并且可以即时分享。

微博能让用户实时更新短消息，可以上传照片、视频等，让每个节点都能被关注，从而构建起一个以人为中心的快速沟通网络。目前，新浪微博是国内最大的微博平台。

微博能够及时发布事件，是舆论的重要始发点之一，也是舆情的爆发点。微博信息与新闻网站、微信等社交媒体、短视频平台等舆论场联动，滋生、发酵舆情，以致谣言多，真假难辨。这些舆论场上会聚了大量的博主，他们具有强大的网络动员能力。因此，对这些平台的规范管理和网络舆论监督是一项艰巨的任务。

（2）即时通信工具

即时通信工具是一种让两个或更多个人在网络上传输文字、声音和影像等，并且可以进行即时联络的一种终端程序。这类在线即时通信软件的出现使人际传播的时间和空间范围得到了很大的拓展，它已经是互联网上一种重要的通信手段，但是它局限于特定的群体。当前比较流行的即时通信方式有微信、QQ 等。

即时通信软件以聊天和交友为主，其传播范围相对较小，隐蔽性较强。对即时通信软件的舆论监控和搜集通常比较困难，比如微信群、QQ 群可以随时解散，这样的小规模舆论传播，来源难以追查。

（3）社交网络

社交网络是基于特定社会关系或共同兴趣爱好，通过多种方式为网络用户提供交流和互动服务的一种网络应用。这种以人与人之间的关系为中心构建的社会关系网被投射到互联网之上，就构成了"以人为中心，以人为本"的互联网应用。

近年来，国内的社交网络也在形式、内容和模式等方面进行了持续创新，用户数量保持着继续上升的趋势。

以青年人为主体的社交网络使用者，表现出一股强大的互动、共享和动员能力。同时，它还是灾后救助信息的一条"生命线"，社交媒体以其及时性、互动性的巨大优势在重大事件的信息互通方面上显示其特有的价值。重视并利用好社交网络，为公众提供充分的表达途径并对其进行规范的管理，使其能够健康、有序地发展，是社交网络舆论引导的一种有效手段。

3. 移动互联网

移动互联网就是将移动通信与互联网相结合，形成一个整体。在移动互联的背景下，利用移动终端及在线互动社群，人们可以随时随地利用手机进行现场直播。特别是在突发公共事件中，社会大众通过文字、图片和视频等方式发布信息，因其强烈的现场感，政府在进行应急管理和舆论管理时会受到较大的挑战。然而，由于各操作系统之间的差异，对网络舆论的监控存在一定的难度。当前，网络舆论的监控及监控技术严重滞后于移动互联网的发展。因此，移动互联网可以说是舆论监控的薄弱环节。

（1）新闻客户端

新闻客户端是基于 iOS、Android 等平台，由各大门户网站及传统媒体推出的一种新闻服务平台。各大门户网站、传统媒体纷纷推出了网易新闻客户端、腾讯新闻客户端、人民网客户端等，这是获取信息的便利平台。

（2）微信

微信是腾讯公司在 2011 年 1 月 21 日发布的一款面向智能终端的即时通信软件。用户之间可以在互联网上迅速发送语音、视频、图片、文字等信息，并且可以进行多人聊天。用户可以通过微信和朋友进行更为丰富的信息交流，比如音频、视频等。

它的主要特征包括：支持语音、音频、视频、图片、文字等传输信息；可以看到周围有人在用微信，被称为 LBS（基于位置服务）。基于上述特征，当网络舆论出现时，网民可以很容易地通过微信对圈群人员进行动员。因此，微信已成为互联网舆论监测的热点与难点。

4. 视频类网站

网络视频是指互联网视频服务提供商提供的，以流媒体形式播放的音视频文件，可以在线进行播放或点播。在网络舆论传播过程中，人们普遍认为，网络视频尤其是现场视频能够最大限度地还原事件的真实面貌，具有很高的传播价值。网络视频常常能极大地推进舆论的发展。因此，网络视频也是一种重要的舆论场，成为一种重要的民意传播途径。

5. 其他类型的网站

（1）百科类网站

百科类网站始于维基百科，它是吉米·威尔士在 2001 年创立的一个百科站点，是一个以 Wiki 技术为基础的全球多语种百科全书合作项目，可用各种语言编写，目的是向全人类提供一本免费的"百科全书"。目前，百科类网站除维基百科外，还包括百度百科、搜狗百科等。百科类资料一般都需要后台的专家进行审核，只有高品质的真实资料才会被采纳。所以，百科类信息比网上传播的信息要权威得多。百科类网站用户占据了较大比重，尤其是百度百科和维基百科用户规模巨大。百度百科的主页上，经常会有热点事件的关键词，很容易被人看到。因此，在监测网络舆情时，也要将其纳入监控范围。

（2）思想文化类网站

这类网站相对专业，聚焦某一领域的专业信息，主要传播社会思想和前沿思潮及其创新理论，拥有特定的用户群。

（3）境外媒体

海外网络舆论监控主要包括外国主流媒体的中文新闻、国外媒体的报道和评论、海外网友的意见等。需监控的境外媒体主要有三种类型：第一种是像《联合早报》、星岛环球网这样的海外中文媒体；第二种是《华尔街日报》和《纽约时报》等外文媒体；第三种就是其他的网站，尤其是一些不友好国家的媒体。

数据显示，微博、微信、短视频平台都是公众关注的焦点。微博上曝光的事件，很容易引发全网关注。

6. 短视频平台

短视频一般是指时长在五分钟以内，依托移动智能终端，在各种新媒体平台上发布并推送的，适合移动场景和碎片化时间下观看的视频内容。随着互联网普及和智能移动终端的发展，短视频因其自身"短、平、快"的特点，成为最受欢迎的信息传播渠道之一，并深刻地影响了网络舆情的发展。

短视频既满足了用户的自我表达和呈现的需求，又因大流量传播内容和高回报、低成本的优势而获得资本的支持和投入。短视频主要特点包括：时长短、内容丰富、制作门槛低、成本低、传播社交化、时效性强、用户自发的源源不断的内容输出与平台通过算法和人工筛选推荐生成相结合。短视频平台本身又是社交媒体平台，极易通过用户的社交关系进行转发、扩散并与其他社交媒体平台联动。新闻热点事件发生以后，不同短视频创作者往往会进行二次创作，以不同的视角和各种形式分析和解读，凸显出人物与事件的密切关系，有鲜明的特色和较强的感染力，使得社会事件能在短时间内实时广泛传播。因此，短视频平台逐渐渗透至各类社会议题中，并逐渐演化为公众舆论场。

（1）抖音

抖音，是由字节跳动公司开发，以其独特的算法推荐系统闻名。抖音定位是年轻群体，注重流行文化和时尚娱乐的传播。用户可以在平台上分享自己创作的 15 秒到数分钟不等的短视频，内容涵盖音乐、舞蹈、搞笑、教育等多个领域。抖音通过算法精准推荐、个性化内容及丰富的互动功能，提高了用户的黏性。数据显示，抖音用户平均每天花费在该平台上的时间超过两个小时，显示出较高的忠诚度。但是，目前抖音视频也存在内容同质化等问题。

（2）快手

快手用户多为下沉市场，注重草根和民间文化的传播。其用户分布广泛，尤其在中老年人和农村地区的用户中具有较高的覆盖率。创作者以二、三线城市用户居多，男性占比较高。内容涵盖生活、娱乐、美食、旅游等多个领域，社交互动性强。家族特征明显，呈现"老铁经济"特点。快手平台的用户主要还是三、四线的小镇居民，他们热衷于分享自己的生活，通过真实、质朴的内容引起其他用户的共鸣。但是快手平台存在内容质量偏低、审核不严等问题。

（3）微信视频号

微信视频号依托微信平台的庞大用户基数和社交关系网，拥有大量的用户基础。视频号的传播内容包括个人的日常生活分享，也包括订阅号的专业教程和新闻资讯等。其用户定位更加广泛，互动性更强，创作和运营门槛更低，可以通过社交网络在好友中实现精准和迅速传播，同时与微信系统内的其他服务如公众号、小程序等进行互动，用户可以将视频内容轻松分享到朋友圈或微信群。在互动过程中相较于其他短视频平台更注重私密性。

（4）西瓜视频

西瓜视频前身是头条视频，其用户群体中男性占比较高，年龄层在18—40岁之间。其定位相较其他短视频平台，更注重占据2~5分钟小视频这个领域，内容主要是新闻资讯、知识科普、娱乐游戏、体育类等，具有故事性，信息量稍大，能比较完整地讲述一个故事。相对于以UGC（用户生产内容）的其他平台，西瓜视频以PGC（专业生成内容）为主，创作者更加专业。西瓜视频给予优质作者的扶持力度较大，有一定的流量倾斜。但是用户群体年龄偏大，社区氛围稍差，缺乏互动。

另外，像哔哩哔哩（B站）、小红书、火山小视频等短视频平台也都在蓬勃发展中。

这些短视频平台对网络舆情有着显著影响。一方面，它们拓宽了信息和观点传播的渠道，使得热点事件能够在短时间内获得广泛关注。在突发事件或社会热点问题发生时，短视频的现场感、即时性和连续性，以及特有的情感化叙事，能够迅速引发网民的关注和讨论。短视频平台上的内容创作门槛低，普通用户也能轻松参与，这为网络舆情的多元化表达提供了可能。另一方面，短视频平台因其去中心化和开放性的特点，能成为公众表达意见、参与社会议题讨论的重要场所，也进一步加速了舆情的传播和扩散。但同时，"后真相"时代短视频传播也可能带来一些负面效应，如虚假信息的传播、网络暴力的滋生等。短视频平台目前面临平衡优化内容和监管审核的问题，如何坚定正向引领，构建主流意识形态的"舆论场"是短视频未来的发展方向。

三、网络舆论影响公共决策

公共决策是公共权力机构为了解决公共问题，实现公共目的，通过一定的政治程序，推动维护公共利益。舆论是由社会大众所持有的思想和意见，它会以各种方式对政府政策的制定和实施产生影响。不管公众舆论如何影响决策，都不能否认其在政治生活中的重要性。在任何政体的国家，要想让不同意见获得民众的支持，听取异见人士的建议甚至批评都至关重要。在我们社会主义国家里，党和政府的所有决策和工作，都要以人民为中心，都要反映人民的意愿与利益。民情民意是政府政策制定的最主要依据，而网络舆论因其快速、广泛的特性，可以有效地弥补传统媒体在反映公众意见方面的缺陷。网络舆论具有广泛反映民众意见的优势，可为决策者（包括中央和各级地方）提供更多的有效信息，对政策制定起着举足轻重的作用。因此，研究网络舆论对公共决策的影响，并对其进行合理的引导，对我国政府政策制定的科学性起到了积极作用。

（一）公共决策应该充分考虑社会舆论

舆情是民众的情绪、观点和态度，尽管有的舆情在一定程度上具有合理性和进步意义，对于校准政策或决策具有积极价值。民众的情绪或观点很大程度上反映了一种政策的民心所向，但是，舆论本身是一种意见的集合，这种意见并不必然具有先进性，而且也无法直接形成科学的决策或政策，而是需要相关决策部门对其甄别、吸纳之后，进一步完善公共决策，提高公共决策的科学性。然而，没有对社会舆论的充分尊重，公共决策就难以获得坚实的民意基础。

所以，民众既是舆论的主体，也是政策制定的客体。公共决策的制定要充分考虑民意，才能获得民众的拥护和贯彻。具体而言，社会舆论对公共决策制定的影响主要体现在以下三个方面。

1. 社会舆论是公共决策的出发点

公共性是公共决策的最大特点。公共决策要以社会整体发展为基础，以大多数人的共同利益为出发点来制定并执行各项行为准则。脱离了公共性，公共决策的制定很容易成为某些人、集团或阶级谋取私利的手段。民意是民众总体意愿的表现，政府的决策要将民意和公众的利益作为归宿。人民把国家权力赋予国家机关和公职人员，公共决策的制定要以民意为导向，唯有如此才能使政策与民众意愿相一致，从而保持社会的正义和公平，促进社会的稳定发展。

2. 社会舆论是公共决策的重要参考

有效性是评价公共决策的一个重要尺度，就是要看大多数民众的满意度，只有得到了大多数民众的支持，它才能成为一种具有可行性的政策。如果某项政策只为少数人服务，那就不可能得到人民的拥护，实施起来就很难有效果。作为以人民为主体的社会主义国家，我国人大代表是人民利益的代言人，在制定和实施公共决策时，要充分考虑广大人民群众的利益。在一定程度上，舆情是民意某种程度的体现，也是政府政策制定的一个重要参考标准。公共决策的制定必须是正确的、科学的。那些不能体现民众意愿或偏离民众意见的政策，很难得到民众的支持。

3. 社会舆论是公共决策的助推器

事实上，民众的意见是对不同政策进行抉择的一种过滤。一项政策要成功落地，需要最大限度地争取人民的拥护。如果与公共利益相关的决定得到了最广泛的人民群众的认同和支持，它们就会转化为一种力量，让民众支持这一公共决策并积极地参与其中，有力地推动公共决策的实施。相反，如果政府的决策没有充分考虑民意，就无法得到社会舆论的支持，进而无法有效地得到实施。

（二）舆论贯穿公共决策的全过程

随着改革开放的逐步深入，公共决策已经成为关系到亿万人的根本利益和国家兴衰的重大问题。决策是人类在对客观世界进行改造之前，对未来的实践目的和方式做出审慎的选择，既有个人的，也有公共的。不管是在决策过程中，还是对决策结果的反馈与监控，甚至是对决策进行修改调整，都需认真研究民意。公众舆论对决策的整体影响体现在如下三个方面。

1. 决策进程：提供力量源泉

在公共决策制定过程中，对民意的全面理解是非常关键的基础性工作。公共决策的制定要反映关系到人们根本利益的问题时所表现出来的一种普遍愿望。社会舆论在政策制定中的功能体现在提供科学、理性的意见。为提升对社会现象的理解及全面解决复杂的社会问题，决策的过程要充分掌握社会发展与现实状况，开展舆情诊断（由"情况诊断"与"方案诊断"两个环节组成）。其实，倾听建议与做出决定是相辅相成的。一个社会的活力和发展往往取决于社会舆论是否能够充分表达，以及是否能够被充分尊重和吸纳。

2. 决策执行：进行反馈和监督

舆论也能反馈政策制定。领导者需要知道自己的决定和命令在实施之后会产生什么影响，为此，就应听取各方的意见。在现代企业中，任何一个决策机构都会构建自身的反馈机制，从反馈机制中找到备选方案并做出恰当的决策。回馈的宗旨是让领导对形势清楚，坚决果断。决策者及其决定是对还是错，不应该靠决策者及其决定本身来判断，而是要看人们对决策执行结果的满意程度，而只有真正体现民心所向的决策才能得到人民群众的拥护。

3. 决策之后：校正决策内容

为了让一项政策或决策有利于最广大人民群众，政策制订者必须准确地掌握社会的真实情况，让其决策充分地体现民心所向。政府制定的政策是基于一定的时代背景，具有一定的时代特征，在特定的时代具有积极意义，然而，随着时间的推移也会出现一些不符合现实的情况。政策制定者只有在广泛听取民意的基础上，做出充分的分析和比较，再做出判断，才能使政策更加科学。其中，充分吸纳民意具有重要的校准和调节功能，缺失了这一重要的环节，就会造成政策制定与现实社会不符或脱节，阻碍社会的发展进步。

（三）网络舆情对公共决策的积极影响

中国数千年来的封建统治，对人民的思想观念产生了很大的影响。中华人民共和国成立后，人民群众的思想、言论受到了广泛的关注，但相对来说，民众的意见及其被关注程度还是较低，新闻舆论的反馈机制仍有需要完善的地方。舆论具有预测、建议、反馈、修正等作用，但如何充分地体现在决策过程中，是一个值得深入研究的、具有现实意义的课题。在社会实践中，舆论通过舆情的方式呈现出来，在公共决策的制定过程中发挥着重要而深刻的作用。

1. 奠定原始的民意基础

在传统媒体时代，受渠道和平台的限制，人们的意见表达难以形成较大的传播和影响，通过政治宣传形成的共识难以充分体现真实的民意。当真实的民众意见难以被了解和倾听，决策者就容易产生错误的判断，会给社会造成巨大损失。在网络时代，互联网提供了便捷的表达平台，而且，网民因其匿名性也更敢于发表言论。很多人的意见通过舆情被呈现和被关注，也更容易被决策者掌握。公共政策是以公众为对象的，与公共决策紧密联系在一起；而网络舆论因其内容广泛且丰富，为政策制定提供了较为基础的舆论依据。

2. 提高决策的可信度

舆论监督既是决策者的需求，也是整个社会发展的必然要求，还是人民群众主体性的体现，是"人民当家作主"的体现。网络舆论主体的匿名性，使舆论主体能够以一种较为公平的方式对其进行监督，充分发挥其应有的功能。网络舆论在公共政策制定过程中发挥着重要作用，在一定程度上说，它保证了法律的公正性，提升了政策制定者的可信度。

3. 完善决策的科学性

由于种种限制，决策者所做出的决定难以确保完全无误，随着时间的推移，可能会出现与时代发展不契合之处。这就需要不断与时俱进，用发展的眼光看问题，不断推进高质量发展。网络作为党和政府联系人民群众的重要渠道，可以发挥重要作用，通过网络建言献策，可以不断完善决策的科学性。

四、网络舆论影响民主政治

互联网迅速发展，网络舆论日渐成为人们关注的焦点。互联网让个体表达的主观能动性得以充分地释放，从而产生了规模化的意见，有些人把它视为人类历史上首次真正普及的传播权。认为互联网增强了民众的政治参与能力与机遇，呈现出了较为充分的表达自由，使公众获得了知情权，并推动了社会的民主化。网络舆论在民主政治中的作用主要表现为以下三个方面。

（一）网络舆论与网络民主监督

互联网具有极强的互动性，更为突出个人。电视的传播是单向的，选择面狭窄，自由度少，而网络的非同步传递和互动交流，让人们可以更轻松地选择并接收信息。由于互联网自身所具有的交互性和广泛性，所以网络用户的政治参与呈现出"群体化"的特征，也就是以"群体"的形式出现。互联网是一种新型媒体，它让交流由单向转向互动，人们能够自如地进行信息传播，同时也能够在开放且丰富的信息环境中，轻松地找到、订阅或点播他们想要了解的商业、文化和政治信息。基于大数据和算法推送的功能，人们非常容易获得自己喜好的信息。在互联网上，信息的分配与流向由点及面，后变成了网，更个人化，群体也在持续地被细分。这样就削弱了个人对集体的依赖性，将权利分享给更多的人、更大的团体。网络的开放模式，让资讯与观点的发表不再是一项专有权利。互联网上的每一个人都有自己的"话语权"，构成了一个类似于德国哲学家哈贝马斯所谓的"公共领域"的交流空间，这是一个可以提出疑问和批评的空间，它可以跨越社会阶层的差异，使民众能够更多地参与公共事务的讨论，而不必像"代言人"一样通过传统的媒介来间接地发表自己的观点。网络舆论的多元化，使得网民摆脱了官僚主义和形式主义的局限，能更直观地反映民意。由多元衍生出来的个性化特征，能更好地激发网友的参与热情，折射出更深层次的社会问题。互联网特有的匿名性，使得互联网用户摆脱了刚性权力对现实生活的限制，能够畅所欲言、开诚布公地表达自己的观点。互动性能使公众在经过充分的讨论后，获得及时的反馈，并就公众问题达成共识。因此，网络舆论主体的多元化参与以及互动，将极大地促进网络民主的实现。要使民主政治健康发展，就必须有健全的监督制度作为保障。我们一直以来都在强化法治建设和法律监督，但却忽视了它的潜在效用。社会督察在理论上也是一种民间参与政治的活动，即民间团体和个别公民对政府的行动进行监督。由于缺乏立法、司法、行政等监督的权威性与强制力，公众参与的社会监督效果大打折扣。网络舆论监督的出现，极大地改善了这种状况，增强了社会监督的有效性。所谓"网络舆论监督"，指的是民众利用互联网来了解国事，对国家的政治、经济、法律、文化、教育、行政等方面进行监督。

（二）网络传播与传统权力结构的重组

网络舆论的大范围传播，极大地弱化了科层体系，打破了传统的金字塔形社会结构，降低了行政层级，同时也弱化了层级，实现了政府组织的扁平化。尼古拉斯·尼葛洛庞帝是美国麻省理工学院媒体实验室的负责人，被称为"信息时代的思想者"。他指出，权力的分散化是数字化生存的四个主要特征之一，在互联网高速发展的情况下，传统的权力结构和权力秩序都面临巨大的调整和变化。在互联网诞生之前，传统的工业社会是金字塔形的，很多底层的管理组织和工作人员都从属于少数的高层管理组织和人员，在管理流程上，他们从下面一层一层地向上汇报，而在管理的权限上则是从上到下地层层落实。上小下大，构成了一个巨大的"金字塔"。它是一个高度集中、层级分明、由上而下、纵向控制与管理的官僚层级系统。网际网络将数以十亿计的电脑联结在一起，形成网状网络，用来打破资讯垄断与由它所造成的集中控制，带来了颠覆性的革命。计算机从一台中央控制的大型计算机发展到一台普通人都能用的计算机，再加之移动互联网的普及，强化了权力分散和平等的概念。而网络舆论的广泛传播，对这一权力结构产生了强有力的冲击。

网络舆论的传播，打破了"信息垄断"。在传统社会制度下，信息被官方所占有，越是处于权力中心的位置，掌握的整体信息越多、越全面，而普通大众需要通过一定的传播媒介才能了解到相关信息，这限制了人们对政治的充分认识和真正了解。科技革命使传统的信息传播方式发生了根本性的变化，形成了一种全方位、多层次、多形式的传播途径。互联网是一种向四面八方延伸、无边界的去中心架构，谁都可以把信息散播出去，而且很难控制，被阻止的信息也可能很容易地从其他地方传播进来。这改变了过去官方对信息的掌控力。

总体而言，网络趋向于横向扩展，而非垂直扩展，这一特点使层级结构简单化，权力向下移动，组织变得扁平。

（三）网络表达与话语权力

福柯指出，话语并不是一种完全的自我约束或自我满足，而是受制于某种社会准则（也就是某些特定的过程），而这些准则最终又被还原成对权力的使用（经过一系列的过程）。因此，话语就是权力。话语和权力的组合，实质上就是话语权。在阶级社会里，与统治阶级的意愿相一致的话语更容易被接受。政治与媒体有密切的关联。任何一种政治形态都离不开媒体，因为掌握了媒体在相当程度上就掌握了舆论的引导权。事实上，媒体可以把政府和民众紧密地连接在一起，快速地向人们传达政治思想。采取"权力中心"管理方式的政府，都注重对主流媒体的掌控，从而达到更加自主的国家治理的目的。相对于自上而下的纵向权威，媒体在创造政治氛围、维持政治生态中具有不可替代的重要作用。媒体为了生存与发展，会与各种不同的话语力量展开竞争，以维持其权威性。

在互联网快速发展的背景下，政府仍然非常注重对大众媒体的有效掌控，达到有效治国理政的目的。但因为互联网上的信息传播具有普遍性和交互性，对话语的权力进行了再分配，人民群众获得了更多的表达空间和表达渠道，所有人享有同等的权利，每个人都可以在网络上发表自己的意见。作为一种民间舆论，"小众话语"可以通过网络快速而广泛地传播，对媒体的话语权产生了某种程度的消解或削弱，使得政府在信息加工与传播方面的掌控力被重塑。对权力中心的消解，个人话语权与主流媒体话语权的互相碰撞与重组，无疑对传统媒体话语权产生巨大冲击。

五、网络生态影响伦理道德

虚拟世界对现实的解构，通过各种信息的传播，各种价值的交互、交融和交锋，对人们的价值取向及伦理秩序都具有深刻的影响。赛博空间创始人威廉·吉布森最初的想法是创造一个精神上的乌托邦，也就是一个真实的世界，但实际呈现的却是一个混乱的、抽象的、没有规则的、没有秩序的抽象空间。

（一）网络环境下网民伦理道德的变化

从心理学的角度来看，舆论是包含了知识、情感、意志等基本元素的情绪、态度和观点。舆论的表现形式包括政治、经济、伦理、社会生活等方面。在道德层面，公众的道德观念包括道德认知、道德情感、道德意志、道德信念及道德行为。道德素质是特定时代的社会环境对其组成元素的渗透和影响，随着数字化、网络化的不断普及，形成了具有虚拟性、多主体性和非中心性的网络情境，这就不可避免地会对人们的道德认知及道德行为产生重大影响，且具有双向作用。

1. 网络环境对网民道德意识的影响

网络语境扩大了人们的话语空间、思想空间，促进了人们对道德的理解。但是，网络环境又容易让人们的道德认知产生偏差，导致道德相对主义的产生。

道德情感是指在特定的社会思想、道德准则中，对周围环境中的人或事进行理解和评价时，所产生的一种主观的情感体验，也就是主体的道德需求能否得到满足的内心体验和主观态度。在道德人格的构成因素中，道德情感扮演着评价、调节、信号的角色，也就是通过欣赏、鄙视或愤怒等情感，来表达自己对某些关系和行为的态度。通过一定的情感态度，加强或削弱网络用户的某些道德认知与行为，用不同的方式表达其道德价值观。随着互联网的普及，网络的去中心化及网络语境的虚拟与互动，给用户的道德情感带来了两方面的影响：一是满足了网络用户的自由语境需要，让他们在其中找到自己的情感寄托；二是网络上的行为也存在着强烈的"做秀"色彩，缺少了现实生活中行为主体间真实且确定的情境，使得网友之间的关系处于极度脆弱的状态，弱化了真实感受。

道德意志是指个体在实践道德准则时，自觉地克服各种困难与障碍所具有的坚韧不拔的意志。道德意志对人格的构成因素具有决定性的调控作用。网络环境对网友的道德意志具有双重作用，既可以通过积极的信息来增强人的道德意志，又可以通过消极的信息来削弱人的道德意志。

道德信仰是指深厚的道德认知、道德情感，以及坚韧的道德意志，它是人的道德素质的重要组成部分。在网络情境中，各种良莠不齐的信息对人们的道德信仰形成巨大的冲击。人们会站在维护自身的现实利益的角度来考虑问题，对比分析不同的价值观，理性地选择与之相适应的、体现公平和正义的道德准则，并保持网络的正常发展，培养出强烈的道德责任感和高尚的理想信念。同时，网络语境也有可能导致互联网用户的道德信仰困惑。互联网的去中心化和互动特性，使世界各地、各民族的风俗习惯、价值观念和行为模式都得以立体地、充分地展现给各主体，而经济、政治、文化传统、思想理念、思维方式等方面各不相同的信息的交互与碰撞，无疑又会影响主体的个性、心理特征、价值取向和行为习惯。

2. 网络环境对网民道德行为的影响

道德行为是指在道德认识、道德情感、道德信念、道德意志的主导和调控下，自觉地将道德准则付诸实践的行为。网络环境对个体的道德行为产生了重要作用，主要体现在人们在道德意识的主导下做出了相应的选择。因为在网络环境中，道德自觉具有双重性，所以，它在主导选择的结果中，还包含了双重含义。

其一，网络是网络主体宣泄情绪的一种渠道，良好的网络环境既有益于个人的身心健康，作为社会情绪的空气阀，又有益于社会的稳定。从网络生态的健康发展出发，需要维持网络社会的正常秩序，对网络环境进行有效治理，避免网络不道德行为对社会环境造成影响。网民有必要认识到，在享有网络社会道德权利的同时，还需要自主地履行一些道德职责和义务，营造一个清朗的网络空间对每个人都是有益的。

其二，网络环境存在的问题也容易使人的道德行为发生变化。具体而言，主要有以下三个方面。第一，网民的道德观念出现了变化。道德行为的评估本身是由内心信念、社会舆论以及传统习俗等非强制方式完成的，但在互联网社会中，则是由个体内在信念所支撑。但是，对网络环境下的社会舆论与传统习俗进行监管与评估却是一件颇有难度的事情。与此同时，充斥负面信息的网络环境也容易对一些网络主体产生消极影响，甚至形成非理性、不道德的观念，与传统的道德观念格格不入。这为道德虚无主义、道德相对主义提供了温床。第二，在现实生活中，对网民的现实行为产生影响。沉迷于虚拟网络世界的个体，如果逐步切断自身与现实世界的连接，就容易产生一定程度的交往、行为和行动方面的问题。第三，道德行为失范。在互联网环境下，现实社会中道德准则的约束作用在网络的匿名性、隐蔽性条件下失去了传统熟人社会的强大制约作用，人们在网络上的行动更多地依靠个体的道德判断。在这种情况下，网络失范、违法犯罪现象不断增加，已成为不容忽视的社会问题。

（二）网民在舆情表达中存在的伦理问题

1. 网络语言失范

网络语言是随着互联网的发展而出现的，它是网民们进行沟通的一种语言工具。总体而言，网络语言可以划分为四大类：第一类是用于编写网页、编制程序的电脑语言；第二类涉及网络科技，例如"登录""联机""字节"等；第三类是与互联网相关的术语，如黑客等；第四类是网民在互联网上进行交流时使用的语言，例如在网上聊天室中使用的俚语、网言网语等。前三类多为名词，具有专业、科学、单一、准确的特点，而第四类语言则表现出简洁、随意、生动、多样等特征，并带有强烈的个性色彩。

近几年，有关网络语言受欢迎的状况众说纷纭。有人质疑，也有人支持。一些人对此嗤之以鼻，认为这是"社会污染"和"社会垃圾"。他们认为，在网络语言中，汉字、数字与英语混在一起，生僻字、错字、异义现象层出不穷，充斥着大量不合规范的表述或病句，如"严重同意""巨难看"等。另外，互联网上充满了低俗、下流的"语言垃圾"等。当前，一些父母和老师都发现，儿童的作文、日记中频繁地出现这样的网络语言。很多人担心，如果不加以约束，儿童对传统文化和正式语言的理解与使用能力会降低，从而导致语言学习能力变弱。因此，他们要求对网络语言进行清理和规范。与之形成鲜明对比的是，网络语言的拥护者们提出，语言是一种文化的载体，它与社会、经济、文化、心理等方面都有着很大的联系。网络语言既是一种新事物，也是思想解放的体现，它反映了当代人的生活状态：追求标新立异，受过良好教育，英语熟练，追求个性……它还反映了人们为出风头而大胆思考、求异求新的心理。网络语言是在网络上产生和发展起来的一种语言，它不同于传统语言。

实际上，人们对网络语言的担忧，很大程度上是因为存在不文明现象。由于互联网具有匿名性特点，所以网络用户对他人进行人身攻击、辱骂的可能性增加。这样的辱骂经常出现在一些社交媒体上。有些是传闻，有些则是直接进行人身攻击。

不良的网络语言的广泛使用，必然会在一定程度上改变原本语言的基本功能，使污言秽语借助网络这一工具广泛传播，必然会影响到原本的价值评判标准、道德观念、社会信念等，造成不良影响。从浅层次来看，现代网络语言的发达，言语行为失范的频繁出现，使得网络语言呈现出粗鄙化的倾向。

2.虚假舆情泛滥

舆论是一种情感、观点和态度，可以是个人的，也可以是集体的，但一定要是民众自己的情感、观点和态度。然而，在互联网上，民众舆论的真实性受到了前所未有的挑战，各种虚假舆情层出不穷。

（1）由技术手段造就的虚假舆情

互联网提供了一个公共表达的空间，每个人都拥有表达意见的渠道，这让弥尔顿所提出的"意见的自由市场"观念成为可能，充分表达民众的意见。以网络投票为例，各种票选中的假票问题屡见不鲜。利益也好，道德也罢，在这一刻都失去了原本的意义，舆论被金钱和鼠标扭曲了。一些人或公司参与造假，就是为了获得奖项后的利益和名声，尤其是各类比赛。通过获奖来快速提升商业价值，于是通过造假来实现自己的目的，以此攫取利益。

（2）由虚假新闻充当的舆情

网络上的"假新闻"是一个必须严肃打击但又难以根除的问题。这有三方面原因：第一，网络媒体的出版体系是多样化的，有正规的传媒工作者，还有通过自媒体途径发布信息的网民，这些信息的真假难以分辨，但是进入一个传播体系之后，就会被快速地扩散；第二，一些带有强烈商业色彩的网络媒体，往往会制造八卦新闻，以提高点击率、影响力和商业价值，而不考虑准确性；第三，网络时代的新闻竞争非常激烈，追求新鲜和速度，有些新闻在没有经过核实的情况下就被发布出来。从传播学的视角来看，由于科技的进步，虚假新闻的传播方式由传统的人际传播，转向群体传播、组织传播与大众传播，并相互融合与渗透。传播方式的改变和多样化，使网络上的假新闻层出不穷。作为网络信息的接收方，受众不仅是网络信息的目标，同时也是网络信息的中转站，在网络信息的持续传播中起着重要作用，他们通过各种即时通信工具将接收到的网络信息再次扩散出去，成了传播过程中的间接参与者。

（3）别有用心的编造

网络的匿名性为某些信息造假、造谣生事者提供了一个平台。有些分离主义分子，甚至某些邪教信徒、恐怖主义团体趁机利用互联网这一开放平台，大肆宣扬其主张，其破坏力前所未有。在网络空间中，隐藏着一些网络政治集团，他们以"隐形人"的身份在互联网上自由活动，极大地降低了参与政治的不安全感，更易于挣脱现实社会的约束。某些不满现状的个人、恐怖组织、宗教极端团体等，通过网络传播政治流言，煽动不明真相者，攻击和诽谤政府，造成社会动荡。

3.网络黑客攻击行为

"黑客"这个术语来自英文 Hacker 的音译，它出现在 20 世纪早期，被美国麻省理工学院学生用来指"恶作剧"，是一种巧妙而又有技巧的恶搞。后来，这个词的意思扩展成指代那些高水平的程序员，他们把全部精力都花在了计算机上，热衷于研究软、硬件系统的每一个细节，并致力于改进其性能。根据中国网络信息中心历年的统计资料，黑客群体逐渐向年轻化发展。年轻人崇尚自由，挑战权威，思想活跃激进，这恰恰符合反传统和反权威的黑客文化。在黑客眼中，互联网是一个完全不同的世界，它不仅仅是网民的第二世界，还是一个可以让人完全自由的世界，传统的价值观、道德、伦理甚至律法，对一个黑客来说没有约束力。

随着网民数量的不断增加，网络攻击的规模越来越大，影响也越来越大。我们要认识到，黑客并非孤立存在，其编程、植入病毒等行为都是对社会现实的不满和愤怒，这是黑客舆情的行为表现。

六、网络舆论影响文化安全

（一）舆论、社会心理与文化

舆论和社会心理都会对文化产生巨大影响，但是舆论的作用是间接的，而社会心理的作用是直接的。

舆论和社会心理是相互关联的，也是不同的。舆论既是社会心理的一个组成部分，也是人们心理活动的一种表现形式。我们可以通过谚语、牢骚、街谈巷议、小道消息、网络流行语等表达方式来共情人们的心理状态，也可以基于集会和上访等民意表达方式来理解民众的心理。舆论是人们对于一些特定的公共事件的情感、态度或观点，而社会心理相对来说更难触及，它融合了一些观点。所以，社会心理不仅反映了个人的社会心理，也反映了一些群体乃至全社会的心理状况，并且，"社会心理"并不能完全代表"人"，也存在着与个人社会心理相矛盾的可能性。

社会心理与文化息息相关。首先，文化的组成部分是社会心理。在文化学视野中，社会心理应该是一种深层次的文化结构。任何一个国家的文化，都有其表面结构与深层结构。文化的表面结构，从形式上看，可以分为物质文化、制度文化、思想文化三个层面。物质、制度和思想三种文化都是显性文化，是可以直接感知的。但是，文化也存在着一种无形的、无法直接感知的形式，这种形式被称为"文化的深层结构"，也就是所谓的"社会心理"或者说"精神形态"。它是一种精神上的存在，其外在形式是价值取向和思维方式等。精神层次的文化形式是一种隐性的、不能直接表现出来的文化形式。概括地说，社会心理是一种无形的、隐性的文化形式，它有着广泛的基础。它同物质文化、制度文化、思想文化共同组成了一个完整的社会文化体系。这说明，在文化体系中，人们不能忽视社会心理。社会心理虽然无形无质，但却是真实存在的，影响着我们的行为。其次，同为意识形态，两者均以"群体"为基础，不同的是，前者以群体和社会为基础，后者以国家为基础。最后，社会心理与文化相互作用，社会心理决定着特定的文化类型，而文化又能对社会心理产生影响。通过分析，舆论和文化之间的联系变得更加清楚：首先，舆论是人的一种精神现象，同时又是一种心理层次，大多具有隐性特征；其次，舆论和文化同属思想领域，二者之间存在着互动关系。文化会影响舆论，舆论又影响着特定的文化风格。舆论借助互联网的传播，突破了国界、地理的限制，促进了人类文明在全球范围内的传播。所以，作为文化传播的一个重要组成部分，网络舆论传播的一个显著特征就是通过不同的方式，向公众展示不同的风俗习惯、不同的价值观，这不但拓宽了人们的眼界，还对社会化初期所形成的价值观和行为准则产生了一定的冲击，导致了心理不适应和行为障碍。换言之，网络舆论的扩散，触及了文化的深层次结构，也就是社会心理，在一定程度上影响着文化的变迁。

（二）网络传播与文化安全

对于文化安全这一概念，存在着许多不同的解读。一些学者将文化安全定义为一种功能形态，即一种文化属性的维护，一种文化功能的实现，一种文化利益的保护。意识形态与价值观是文化安全的关键。文化安全是与文化渗透、文化控制、文化同化相对应的一种文化策略，即反渗透、反控制、反同化。一些学者将文化安全定义为一个国家精神财产的安全。也有学者认为，文化安全就是一个国家在文化和精神生活中不会受到外国文化的干涉、控制和同化，因此，它可以保留自己的价值观念、生活方式的民族性和国家思想的独立性。从国家安全的观点来看，可以将文化安全界定为没有任何威胁的主权国家的文化领域。其内涵包括两个层面：一是对主权国家没有外来文化的威胁，也就是其文化的独立；二是人的文化心理状态，心理上没有害怕、担忧等问题。

作为文化传播的一个重要组成部分，网络传播使得西方的世界观、价值观大规模涌入我国，对我们的文化安全构成了以下三个方面的挑战。

1. 外部文化的威胁

在国际社会中，西方各国都在有意识地利用网络进行价值观和意识形态的传播与渗透。在互联网上，虽然没有统一的组织，但是仍然存在着一个议程设置"中心"，而这个"中心"正是西方传媒巨头。这些巨头代表着西方国家在经济、政治、商业、文化等方面的利益。网络上充斥着大量信息，大都带着很强的政治色彩。全球四大新闻机构（美联社、路透社、法新社、美国国际新闻社）垄断着全球80%的新闻资源。网络信息也是如此，因为美国在网络科技方面处于领先地位，所以大部分国际信息都是单向的，从发达国家到发展中国家，从强大国家到弱小国家。垄断与单向的结果，是发达国家的新闻机构掌握着新闻资讯的选择权与解释权，而写作视角与文章的语调则会直接影响观众的认知。作为一种文化的载体，信息的入侵必然会带来"文化入侵"。大量暗含着西方价值观的信息流入中国，冲击中国年青一代对优秀传统文化的兴趣、了解和认同。以美国为代表的西方强国，充分发挥了它们对信息的控制与影响力，力图将西方资产阶级的思想、政治制度和文化思想传播到中国，进行文化扩张，达到"不战而胜"的目的。

2. 国内对西方思维方式无意识的认同

在网络世界，英语是主要语言，大部分信息都是用英语发表，大致比例为 90% 的英语，5% 的法语，5% 的其他国家语言。很多平台都潜藏着西方的话语体系，美国文化的影子随处可见。总之，进入互联网的世界，就像一步一步地走进美国的文化世界。语言是文化的象征，如果允许一种语言同化另一种语言，那就等于允许一种文化对另一种文化深入地施加影响。这种经由网络的强制性文化传播，会对受众的意识形态、价值观造成无法抗拒的冲击，从而使他们对语言文字背后的西方意识形态和价值观产生认同，进而影响到我们国家的文化安全。

3. 各种有害或虚假信息的肆意传播

互联网的内容纷繁复杂，容量巨大，各种信息都可以在网络上找到。因为不同国家对不良文化的认定标准不同，从而为淫秽、色情、暴力等内容的进入提供了便利。西方一些颓废有害的思想和观念，也会通过这种途径对受众产生危害，进而影响到我们的主流思想。在我国，有些不法团体还利用互联网散布威胁国家安全的言论，煽动民众情绪。以往，人们只是被动接收信息的听众，不管有怎样的权利，都不能通过媒体来进行个人信息的传播。而如今，在互联网上，任何人都可以成为信息的发布者。

第三讲

引发网络舆情的主要因素

我国正处于社会转型期，正面对百年未有之大变局。随着社会结构的变迁、体制的转变和经济利益的调整，人民的思想、生活、行为、价值观等都在发生着巨大变化。这种改变可以通过社会心理的改变得到体现。积极的主流社会心理占据了绝对优势，是推动社会发展和社会意识进步的力量。与此同时，也出现了种种不平衡的社会心理，甚至是各种形式的不良社会心理，这为网络舆情爆发提供了温床。因此，我们面临着一个重大问题，那就是在弘扬社会主流精神的同时，要明确当前的社会心理失调状况并化解它们，从根本上遏制网络舆情的爆发。

一、引发网络舆情的社会心理因素

在社会主义市场经济飞速发展的今天，人民的物质和精神生活越来越丰富，思想、文化、精神素质都得到了全面提升，整个社会的精神面貌都是积极健康的。尤其是党的十八大以来，我国全面建成小康社会，史无前例地解决了几千年来没有解决的绝对贫困的问题，党和政府以人民幸福为基本价值取向，以服务民生为导向，出台了一系列惠民政策，帮助人民群众解决了很多实际问题，整个社会呈现出一种安居乐业、和谐发展的局面。但是，我们也应该注意到，在当前的社会心理环境中，还存在着一些不可忽视的问题。目前社会心理失衡主要表现为以下几个方面的心理状态。

（一）当前社会心态的一般表现

1. 浮躁

浮躁通常是指性急，经常有无名之火，做事情没有恒心，缺乏耐心，难以沉心静气地面对客观世界。从广义上看，就是精神上的浮躁、盲目的行动；在行为上，常常显得不够理性，容易做出鲁莽冒进的错误行为。当前，中国的经济飞速发展，物质和精神生活都有很大的改善和提升，但是，面对百年未有之大变局加速演进，不少人却显得心态浮躁。

随着社会的发展，人们工作、生活的压力越来越大，心理也越来越浮躁，尤其是20—40岁的年轻人。在社会生活中，如驾车不遵守交规、买东西不排队、盲目进入股票市场、电信诈骗屡禁不止、媒体炒作、内卷内耗等现象比比皆是。在政治方面，也有地方官员，无视政策的延续性和稳定性，无视中央的三令五申，无视实际情况和现实承受能力，无视人民群众感受与利益，只注重政绩，着眼于个人的政治前途，而非人民群众最根本的利益。然而，在这种发展思路的背后，隐藏着高污染、高消耗、高浪费，忽视了高质量发展。更有甚者，有的官员借改革之名谋取政治资本，为自己的事业铺路，不顾人民群众的利益，将改革的代价转嫁给了弱势群体，最终导致纳税人的心血付诸东流，人民的权益受损，党的形象受损。也有许多企业，为了眼前的利益，不顾产品质量，不顾食品安全，生产假冒伪劣商品，进行恶性竞争。

2. 焦虑

焦虑，是一种与境况不成比例的痛苦情感，主要表现为对事物缺乏明确的目标，总是处于一种担惊受怕的境地。适当程度的忧虑是有益的、积极的，对个体发展具有一定价值的。焦虑，是一种对抗人生自满与停滞的"疫苗"，是促使个体社会化、促进个性发展的内驱力量。焦虑并不等同于焦虑症。每个人都难免会有焦虑的时刻，而不断增长的竞争压力也使得焦虑症患者与日俱增。危机是一种寻找突破的方式，适当的忧虑能使人充满活力，而过度的焦虑则会引发焦虑症，对个人的身心健康产生不利的影响。

严重的焦虑对个人和社会都有着不同程度的负面作用。当人们的焦虑情绪大范围传播时，就会产生"社会焦虑"。

社会焦虑是一种广泛存在于社会成员之间的精神上的紧张和不安。随着我国经济的发展，尤其是外部环境产生的巨大变化，社会的竞争日趋激烈，焦虑情绪已逐渐发展成一种一定程度上比较普遍的心理状态。对一些人来说，总是充满不确定的情形：中年男人忙碌于工作与家庭之间，无法抽出时间带子女；年轻白领穿梭于拥挤的地铁，为买房买车而烦恼；高校毕业生担心就业难，不得不接受"零工资"试用期；老年人抱怨拿不到退休金，看病难；农民担心肥料价格上涨，农产品价格下跌；民营企业担忧形势变化，企业经营难以维持……当前，人民群众最关注、最迫切、最现实的忧虑，无非是房价、物价、腐败、社会不公、就业、就医……这些都是与基本民生有关的问题。有的人觉得自己的生活缺乏安全感，担忧工作朝不保夕，担忧自己挣的钱不足以支撑家庭开支，担忧子女上不了好的学校，担忧房价居高不下……这些都是让人们产生焦虑情绪最直接、最现实的一些问题。

3. 愤青

愤青，英文全称是"Angry Young Man"，意为"愤怒青年"，是指对一些社会现象和制度感到不满与愤恨的人，在思想与行为上表现得较为极端，多为年轻人。

随着互联网的快速发展，愤青群体规模在进一步扩大，他们的偏激思想容易引起媒体和民众的关注，同时其思想也变得越来越复杂。而且，网络上的虚拟和真实之间的联系也在逐渐加强，虚拟世界与现实世界相互作用、相互渗透。这个群体关心的问题涵盖了政治、经济、文化、民生、环境、国际关系等。他们不再局限于网上，而是在线下以不同方式发表自己的看法。他们对社会不公、贫富差距、官员腐败、教育制度改革、医疗体制改革等，以及对国际关系和周边安全有诸多批评。所以，尽管其初衷大都是爱国的，但是他们倾向于使用较为激烈的语言去对抗社会主流的表达，不愿意去迎合大众文化，对于社会的认识更多地基于自己的好恶判断，表现出一定的解构性。

所谓愤青表现出了非常复杂的社会现象。在网络环境下，愤怒的情绪容易在网络环境中传播和相互影响，它们的是与非、利与弊，仍然是一个需要长期观察和研究的问题。

4. 忽悠

"忽悠"这个词，具有很强的地方色彩，是北方地区的一种说法，尤其在东北颇为盛行。"忽悠"二字广为流传，含义十分广泛。

现在，"忽悠"二字有了新的意义，类似"吹嘘"和"夸张"，用来形容一个人在大庭广众之下吹牛，引起别人的注意。后来，还有"劝勉""鼓动"的意思。除此之外，"忽悠"还有"逗弄"的意思。相对欺骗、诈骗来说，忽悠的性质比较柔和，带有一些戏谑的味道。人们对于欺诈，是深恶痛绝的，而对于忽悠，大多则是一笑了之。

一提到"忽悠"，大家都会想到"瞎搅和""胡闹腾""不厚道""坑人"之类的字眼，让人觉得不舒服、不开心、不痛快。忽悠实际上是"不诚信"的社会心理，它正逐步由娱乐走向现实生活，走向公众生活，并在此基础上继续扩散，影响整个社会的风气与文化心态。

5. 炫官、炫富

炫官，就是利用自己的职位炫耀权势，抬高自己的地位，甚至用权力来为一些荒唐行为背书。"炫官"严重损害人民群众的利益，损害政府形象。为官者应做百姓的公仆，秉持全心全意为人民服务的宗旨。然而，在现实生活中，存在着官本位的心理，伤害人民群众的感情。

炫富，就是炫耀自己的财富，以炫耀特殊的地位，满足心理上的虚荣。2011 年 6 月，"郭美美"的一系列操作在网上掀起了炫富风暴。网名"郭美美 Baby"，在网络上公开秀出了自己的豪华生活，晒豪宅、豪车等，多张照片为证，还自称是中国红十字会的商业总经理，引起了公众对中国红十字会的质疑，由此引发了人们对该公益组织的质疑。

在社会上，除了炫耀财富的人，还有炫耀财富的商家，尤其是在房地产领域，如"奢华""世家""公馆""皇家""至尊""豪宅典范""上流人家"之类的炫富词语，比比皆是。这样的宣传方式，一方面让大众产生"高级感"，另一方面也满足了一些人的消费心态。一些经济学家将此称为"炫耀性消费"，即通过炫耀自己的财富来赢得人们的羡慕，以此来提高自己的社会地位、声望和荣誉，获得成就感。换言之，借由这种炫耀性的消费行为来完成自己的社会竞争，以期获得他人的认同。目前，这种"炫耀"的消费方式在一定程度上会导致奢靡风气，容易使人跌入消费主义的陷阱，导致社会资源的浪费。

6. 仇官、仇富

所谓仇官，指的是对政府官员的不满和怨恨。"仇官"的心理源于民众在长期的生活经历中，对政府官员产生了不信任，是一种"有罪推定"的思维模式。

"仇富"，主要是指对有钱人的致富合法性、道德操守等持有怀疑态度，人们会表现出怀疑、愤怒、妒忌、轻蔑、不屑、憎恨等复杂的心态。随着贫富差距拉大，在网络炫富、消费主义等思想意识的影响下，人们容易产生一种相对被剥削或者是不公正的感觉，一定程度上出现了"仇富"的现象。"仇富"心态的泛化表现为对所有有钱人的义愤，"仇富"心理的加剧表现为以不理智的方式表达对富者的义愤，要求"公道"，甚至以不正当的方法将"仇富"的愤怒情绪发泄到社会上。

仇官也好，仇富也罢，归根结底都是一种"仇腐"，真正痛恨权钱交易、以权谋私，痛恨为官不仁、为富不仁。这种涉及富人和官员的负面信息也在一定程度上强化人们的一些刻板印象，不断地冲击着人们的道德神经，在某种程度上也正是这种社会矛盾和问题造成不良的社会心理。虽然仇官、仇富现象的出现有其社会的背景，但是如果将其夸大乃至极端化，以偏概全、以点带面，只会让人们对社会的认知出现偏差，导致行为不当，无助于妥善解决存在的问题，甚至加剧社会矛盾。

7. 弱势心理

弱势群体，又称为社会弱势群体，是指在社会资源配置方面存在着经济利益的贫困性、生活质量的低层次性以及对社会承受能力的脆弱性。从社会资源的占有比例及人的社会地位、生活状况和身体状况来定义，他们是在市场竞争中、在社会财富与权利的分配中处于弱势地位的人。人在自我感觉上处于弱势，而又实实在在处于弱势一方，这就是弱者的心态。

在我国，城市失业人员、农村贫困人口等常常被定义为弱势群体。由于受经济收入、教育水平、社会环境等因素的影响，"弱势群体"概念的应用存在泛化的问题，比如，老师、医生、公务员、白领、记者、大学教授、政府官员和高收入人群也戏称自己是弱势群体，这种情况应引起社会的高度关注。一位知名导演表示"如今的明星都是弱者"，一位地产商会会长表示"地产商是个有钱却很脆弱的人"，一位著名的集团总裁表示"私营企业主是一个脆弱的群体"……伴随着经济的飞速发展，人们的物质生活得到极大的改善，生活质量越来越好，但物质上的富裕未必带来精神的富裕。"弱势群体"的自我调侃，背后折射的是一种情绪性的不满。

一个充满希望与和谐的社会，不仅要消除弱者的数量，更要消除弱者的心态，要让社会充满公平与正义，不断迈向全体人民的物质和精神共同富裕。

8. 不安全感

安全感是人格中最基本和最重要的组成部分，是最基本的需求（饮食、睡眠、性需要等）。不稳定、不可控或危险因素持续涌现，累积到一定程度，不安全感就会在人的内心产生并不断得到强化。

常言道："民以食为天。"日本发生核泄漏事件后，部分地区出现了抢购食盐现象，尽管官方及时澄清谣言，但一些城市还是出现了缺货的情况。表面上看，是因环境生态问题而产生的不安全感，实际上是因民众对相关部门和权威机构的不信任并经由人际传递而增强，最后呈现出真实的不安全感。

在有关不安全感的民意调查中，食物安全已经排在第一位。食物是人类赖以生存和发展的重要物质基础，它不仅影响着人们的身体健康，更影响着社会的安定。不管过去、现在还是将来，食品安全都将是一个社会热门话题，也是人民群众最关心的问题。与此同时，其他领域的公共事件也使人民产生了强烈的不安全感。2011年11月16日甘肃省庆阳市正宁县发生的校车事故至今仍是血的教训，一辆普通面包车被改造成了橙色校车，62名儿童被塞进了核载9名乘客的"校车"里，突如其来的车祸夺去了18名儿童的生命，同时遇难的还有"校车"司机、幼儿教师各1人。橙色校车在这条路上行驶了将近两年，在付出惨痛代价后，人们才意识到背后折射的问题。从这一点可以看出，随着经济的发展、生活节奏的不断加快，社会压力也越来越大，人们对安全感的需求也越来越强烈。

9. 暴戾

暴戾会导致粗鲁、蛮横、残忍的言语和行为。暴戾心理在浮躁、焦虑、不安全的社会氛围中更容易形成。如果一个人焦躁到了一个难以控制的程度，就很可能会产生暴力倾向，从而导致暴戾行为。社会中的暴戾情绪，对社会民众是一种不安定因素。

社会上这类事件也有发生。比如马加爵杀人案、福建南平小学杀人案、辽宁新宾县永陵镇连环杀人案……一桩桩悲剧的背后，隐藏着令人深思的问题。

社会心理源于社会个人，它以一个完整的形式存在并对社会民众产生影响，它是在社会转型过程中出现的各类社会问题、民意、热点以及社会舆论的反映与体现。社会心理折射出一种社会风气。健康的社会心理是一种积极进取、乐观豁达、奋斗进取的精神状态，它能为个体的发展与社会的发展提供坚强的思想保障和精神推动力；社会心理的不平衡，会造成悲观、扭曲、畸形、颓废的消极心理，这不但会影响个体的进取精神，还会阻碍整个社会的和谐和进步。社会心理是看不见摸不着的，它反映了可触的真实世界，所以，社会心理的不平衡是诸多实际可见问题所造成的。"看得见"的问题所引起的"心理失衡"，虽然看不见，却是暗流涌动，对经济和社会的健康发展起着重要作用。近年来，在社会发展和变革的进程中，人们的生活节奏越来越快，产生了不同程度的一些心理问题。有数据显示，当前我国不同程度抑郁症的患者人数已逾 9000 万，这给社会治理、网络舆情处置都带来了潜在的风险和问题。

（二）意见领袖的心理特点

通过分析意见领袖和公众在网络舆情中的行为模式，我们发现其心理特性及情绪外化是一股强有力的推动力量，直接作用于网络舆论的发展过程。而意见领袖是公众心理的重要组成部分，在网络舆情中起着枢纽作用。

在网络舆情环境下，意见领袖的心理特征是公众心理的一个重要方面，其形成过程往往是无意的，也有可能是"顺势而为"。对同一件事产生的集体潜意识，是一种网友与其他群体的心理认同。一般而言，在网络舆论中，引导者多为"网络名人"，匿名心理和从众心理对其并无影响，而受众心理、娱乐心理仅对其关注并参与网络舆情事件的初期阶段产生轻微影响。表现欲、英雄情结是影响网民心理活动的主要心理因素，这使得他们在引导公众参与网络舆论时，力求将这一心理推向极端。意见领袖拥有更多发言权与传播渠道，其一言一行容易得到广大群众的关注和支持。作为引导者，他们在引导网民参与的过程中会产生一种与从众心态相悖的精神压力。

这是一种怎样的精神压力？在那些明确或偶然感受到心理压力的受访者

中，有人形容"与上台演出一样的紧张与激动"；有人形容是一种责任感，一种以身作则，对粉丝行为负责的态度；有人形容是"被关注感"；有人形容为"出于一种谨慎的心态"；有人形容是"为了出风头"；有人形容为"随着时间的推移，会关注粉丝数量，关注粉丝的评价，特别是批评"……意见领袖之所以会产生这种心理，主要是因为他们有一种想要表达的欲望，有一种英雄主义情结，有一种责任感，有一种被重视的感觉，有一种满足感，有一种谨慎的态度……以及由此而产生的一种精神上的体验。

（三）民众的心理特点

民众参与是网络舆情的重要组成部分，它与民众的群体心理、社会认同等因素密切相关。在此基础上，通过对不同类型的民众参与活动的研究，我们可以发现民众在网络舆情中的心理特征大致有以下七种。

1. 从众心理

从众心理是网络公共事件中最基本也是最普遍的心理特征。从众理论认为，当用户参与到公共事件的群体活动中，个人会呈现出较强的从众心态且存在趋同性，一旦某个人"登高一呼"，其余人便会"群起响应"，效仿"领头羊"的行事风格和观点。

为什么网民的群体行为会和平常完全不一样？从众理论认为，在集体行为的位置上，网民的心理会发生较大改变，他们的人格、独立思维会受到影响，会下意识地互相模仿，用自己的情感去感染其他人，并试图跟上大家的行动，而异质性则被同质性所"吞没"。有心理学家提出，群体行为是社会群体人的一种天性，群体中的每一个人都迫切希望通过参加集体行动来找到归属与认同，参与集体行动可以激发他们心中潜藏的"向群"心理。由于从众心理和情感渲染，网民的思维模式容易陷入简单化，这种简单化的思维模式导致非黑即白、为反对而反对的逻辑，由此导致网络暴力。

从众理论可以很好地解释大众对于意见领袖的行为模仿。法国社会学家塔尔德于 1890 年发表《模仿律》，将模仿视为一种"最根本的社会现象"，并提出三条"仿效法则"：一是下降律，指的是社会下层人士具有模仿社会上层人士的倾向；二是几何数律，即若无外界干扰，复制一旦启动，将呈几何倍数扩散；三是先内后外律，是指一个人在面对当地文化或群体内成员的行为时，往往会比其他国家或集团外的人更有优势。大众对于意见领袖的效仿，恰好遵循了以下三条模仿法则：第一，大多数意见领袖都是名人、成功人士、拥有话语权的人；第二，模仿是会传染的，一旦扩散，就会在网络上以几何级数的速度扩散；第三，对于大多数"粉丝"而言，某一特定的意见领袖就是某一特定观点集团的局内人，是"自己人"，"粉丝"会有意识地进行模仿与选择，产生"粉丝效应"。

在具体的公共参与活动中，我们能够发现，一般网民在效仿意见领袖时，往往会有意识地跟风意见领袖的看法和行动，甚至不假思索，哪怕是错误意见。在一些对抗式、宣泄式、盲从式的公共事件中，有些网友的情绪往往会被一些意见领袖的一句话煽动起来，冲动、急躁、判断失误、轻信他人、被夸大情绪、被暗示行动……这些都是较为普遍的心理状态，而一旦反驳意见领袖，就有可能引起"粉丝"的反感，进而被强烈抗议，严重的时候还可能引起大规模的网络暴力。随着从众心理的扩大化，意见领袖就有可能成为"网络推手"，引导大众参与，推动网络舆情进一步扩大。

2. 匿名心理

在微博爆料引发的公共事件中，除了极少数意见领袖和明星微博起到"领头羊"作用，大部分网友都没有使用"V"实名认证。甚至在微博后台，还有很多用户没有实名制，这使得很多人成了"无名氏"，不为人所知。匿名理论指出，在网络公众参与等群体活动中，用户的匿名身份被隐藏在群体中，成为"同质"的个体，就像是穿上了一层假面具，社会规则对其的约束力大大降低。在匿名情况下，很多网民会以为自己所做的一切都是无人知晓的，可以不用考虑自己的行为所带来的后果，解除了社会规范对言行的约束。在群体规模较大的情况下，匿名性会使"法不责众"的心态更加强烈，参与者之间的情感也会互相感染，从而导致他们更有可能采取一些"单独不敢使用"的行动。尽管匿名性并不能提高网络用户的参与积极性，但是，无疑会使网络参与者在公共事件中的参与程度更深更广。匿名性和从众性，极大地增加了网络参与者"搭便车""看热闹""人云亦云"等行为的可能性，而网络参与者的可控性却大大减弱。

3. 宣泄心理

互联网成为很多网友宣泄现实生活中的抑郁、无奈和沮丧等负面情绪的一个平台。尤其是微博上的公共事件，凭借其炫耀性、夸大性，吸引了相当一部分网友通过参与讨论来宣泄内心积压的隐秘的情绪。这种宣泄的心理，再加上匿名、从众特性，容易产生武断、偏执、狂热、歇斯底里等非理性行为。

4. 归咎和放大心理

归咎是指在面对无法接受的现实时所产生的一种习惯性行为，而"夸大"就是将事情的严重性进行了主观上的夸张。由于社会上存在的欺骗、指鹿为马、欺上瞒下的问题，导致了不信任和逆反心理，从而使一部分人养成了习惯性抵触、习惯性批评等思维定式。每当有大的突发事件发生，都会有网民对政府的声明和处理办法提出疑问和批评，有些人甚至是先入为主，不顾事实，胡乱推定，抓住一个点就无限放大，将相关责任人置于一个无法辩驳的舆论旋涡之中，严重影响了事件的处理。例如，针对温州动车追尾事件，微博上出现了偏激言论、对铁道部的批判和谴责，再加上有关部门的反应不及时、欠恰当，导致网民的归咎和放大心理一直伴随事故处置始末。

在网络舆情中，多数网友的谴责与放大心态被一些意见领袖或者"网络推手"所影响。在意见领袖强大话语影响之下，一些网民会逐步调整甚至转变他们原本的观点，并向意见领袖靠拢。这些狂热的"粉丝"，在新媒体的操作下，形成了一个紧密团结的群体，出现观点固化、舆论极化的现象，严重影响事件处理机构的权威和舆论导向的有效性。因此，在当前的网络环境中，如何有效引导网民提升网络文明素质，拥有积极健康的正能量，是不可忽视的问题。

5. 看客和娱乐心理

在公共事件中，部分网友的参与表现出了显著的群体性娱乐特点，抱着"看热闹不嫌事大"的"吃瓜"群众心态，以事件的无序发展为乐。网络用户参与的观众心理源于人们对外部世界和未知事物的好奇，以及对他人隐私的窥探。就是在这样一种观众心理的驱使下，他们持续参加各种类型的公共活动，以获得心理上的满足和娱乐的目标。这样的观众娱乐心态在某种程度上也可被称为"八卦心理"，它既体现在"明星闲话"的公共事件上，又体现在公众话题触发阶段。

看客和娱乐心理是一种与从众心理和匿名心理相呼应的心理。例如，一些网民发现某些人在社交媒体上强烈关注了某一事件，出于从众心理，他们也会加入其中。特别是对于那些引人注目、关注度很高的公共事件，身为"看客"的网民根本不在乎这些事情的真假，而一旦有风吹草动，他们会立刻抽身离开。就是这种娱乐心态，使得社交媒体上一件并不显眼的事件能在很短的时间里获得大量网友的关注，从而引爆舆论。

6. 表现欲和英雄情结

群体心理学的观点是，当一个人成为一个集体的一部分之后，就会产生一种想要表现自己的渴望，就好似一种英雄情结。正如勒庞在其著作《乌合之众：大众心理研究》中所说："孤独的人也许是个受过良好教育的人，但是在集体里，他就成了野人，一种靠本能行事的野兽。"勒庞认为，处于群体中的个体缺乏自己的理性选择，残忍而疯狂，同时也展现出了原始人的激情和英雄主义。这样的激情和英雄气概，让一些网民自发地加入公共事件的讨论，踊跃发表评论、转发或跟帖，表达自己对事件的看法，力争让这些评论和跟帖具有煽动性、爆炸性和冲击力，大有"语不惊人死不休"之势。这一心理特征能够很好地解释大量网民愿意不计报酬地参与跟他们无关的公共事件的心理动因。

7. 矛盾的道德心理

在《乌合之众：大众心理研究》中，勒庞深刻地阐述了群体道德。他认为，"群"是一个矛盾的整体，低贱和高尚相互辉映。在大多数情况下，人们会放纵低级的本能，但也会为高尚的行为做出榜样。每一个人身上都潜藏着一种兽性和毁灭性的本能，但孤立的个体会认识到它是"很危险的"，并竭力加以压制和克制。而在"法不责众"的驱使下，一些人则完全放任隐藏在心底的本能，降低自己的道德水准。但从另一个角度看，集体有时也可以展示出极端高尚的奉献精神、牺牲精神，这也是孤立的个体所无法做到的。在荣誉和爱国精神的感召下，个体往往把个人私利放在一边，选择为崇高的理想而牺牲自己。

参与公共事件的网民往往也有两难的心态。有的时候，他们会在网络上无理取闹、制造事端、党同伐异、造谣中伤、唯恐天下不乱、扰乱社会秩序，甚至触碰法律底线；而有的时候，他们也会为正义、真理、良心、怜悯而呐喊。

这一"矛盾的道德心理"还可以从匿名心理、宣泄心理、从众心理、表情欲与英雄情结、谴责与放大心理等方面来加以说明。匿名网民在监督缺失的条件下，行为多遵从内心的感觉。所以，在公共事件的刺激下，一些个人的抑郁、无奈、沮丧等负面情感及破坏力得到了释放与宣泄。在这种情况下，一些网民的道德观念也发生了变化。如果网民个体受到了意见领袖正面、高尚的引导和激励，再加上从众心理，就会激发起他们心中的英雄情结，让他们为正义和真理发声。

在公共事件中，可以将网民划分为参与者和旁观者两类，他们有各自的心理特征。活跃的参与者发表的言论更具影响力，在群组中拥有一定的发言权和吸引力。一些用户在事件发生之初就介入，一些用户则是在事件发生后才被吸引进来；其中一些用户与事件的当事人有关，而另一些则毫无关联。从整体上看，主动参与者除具有网络公共事件参与的共同心理特征外，还具有以下几个特殊的心理特征：好奇、质疑、跟风，"彰显个性，实现自我"……在价值观上，表现为道德双重性、文化反叛性、政治激进性。

围观群众以"关注"等方式参与公共事件，这种情况占了很大比重。他们中的大多数都与事件无关，根本不知道事件起因、经过和发展，只是被事件本身的集聚现象所吸引，或是碰巧看到了平台推送的消息。在网络上，吃瓜群众就是"围观党"，他们的心理特征主要体现在"旁观与娱乐"上，也就是隔岸观火。不过，有些吃瓜群众是"准参战者"，他们兴致来了就会评论或转发，从旁观者变成参与者。当然，大部分用户都不发声、从头到尾"潜水"，这既有"看客与娱乐心理"的原因，也有"自闭心理""社交恐惧症"等因素的影响。

二、引发网络舆情的社会矛盾因素

网络舆情都是从具体的事件中衍生出来的。纵观大部分具有较大影响力的网络舆情，往往是由一个突发事件或敏感议题开始，逐渐引起人们的注意并持续升级，最终发展为热点网络舆情。接下来主要讲解触发网络舆情事件的两个重要因素，即突发热点事件和敏感话题。

（一）突发热点事件引发网络舆情

大部分的网络舆情都是从突发热点事件中产生的。由于其具有随机性、多变性和不可预见性等特点，因而网络舆情难以被准确预测，并且始终处在一个不断发展的动态过程中，逐渐消退。网民参与网络舆论的主要原因是被某种突发事件所吸引，同时这类事件的一些特点也极大地激发了网民的参与热情。他们的目的各不相同，有的是看到了不公，有的是想要发泄，有的是好奇……总而言之，没有一个人是无缘无故地参与进来的，他们首先被突发事件所影响或者刺激，然后又在网络上被情绪所感染或推动，最后一起促成网络舆情。

我们来对"温州动车追尾事故"的演变过程进行分析。事件发生在 2011 年 7 月 23 日晚上 8 点半左右，列车在浙江温州追尾后，一名新浪微博用户发布了自己的第一条微博："D3115 号在温州发生了追尾，一场剧烈的碰撞正在进行！所有的电都断了！我是最后一节车厢的乘客。太可怕了！——7 月 23 日 20 时 38 分。"从 7 月 23 日晚 8 时 38 分至 7 月 28 日 0 时，新浪微博的讨论数量高达 7821999 条。新浪微博、新浪主页开通了"在爱中成长的力量"主题，让网友们各抒己见。类似这样可以让公众参与讨论的平台，往往被称为舆情最大的温床。

温州动车追尾事故的特点是突发性强、社会危害大、原因不明、伤亡情况不明、善后工作不力……引起了公众对动车安全、铁路乘运乃至公众安全的担忧，同时也引发了公众对公共管理和服务的怀疑。这种焦虑和怀疑直接刺激并推动了网络舆情。大众在参与辩论过程中所产生的共识，也在持续地促进网络舆情的发展与演变。例如，事故初期的"关心与力量"，救援基本完成后的"怀疑与愤慨"，事故善后阶段的"哀悼与反省"等，成为各时期网络舆论发展演变的主要影响因素，也是政府部门在应对措施中的重要依据。

（二）争议话题点燃网络舆情

在网络舆情的产生和发展过程中，敏感话题是重要诱发因素。温州动车追尾事故一出，相关信息在微博上迅速蔓延开来，特别是微博上的现场直播，让这件事变得越发棘手。而铁道部在救灾行动中的应对失当及对敏感问题的错误回应，让网络舆情愈演愈烈。

在事故发生后的第一次记者招待会上，当被问及"为什么搜救工作已经结束了，还发现有一个孩子活着？"时，新闻发言人的回复是："这只能说是生命的奇迹。"在被问到为什么要把车埋起来的时候，他回道："至于你信不信，我反正信了。"这些表述迅速"火"了起来，引起了大众对事故原因和死亡人数的质疑，在网络上形成了群体性质疑。

该事件很快引起了报纸之类传统媒体的注意。《新京报》从 2011 年 7 月 26 日起，陆续进行了一系列有关事故原因的深入报道，认真剖析并提出了质疑。7 月 29 日，《人民日报》的《人民时评》发表了一篇名为《让公布遇难者名单成为制度》的文章，文中指出，只有"一个个曾经的生命变得具体的时候，生者才会更加深切地意识到责任的重量，也才能真正吸取教训，痛改前非"。各大主流、权威媒体的报道、评论在网络上广为传播，助推了对事故的进一步批评与质疑。

基于"挫折—反应理论"或"挫折—回应理论"，温州动车追尾事故引发的社会不满情绪，让大众在互联网上对事件进行质疑，表达不满与愤怒，继而在互联网上形成了巨大的舆论压力。之后，国务院成立了调查组，对事件起因进行深入调查。时任上海铁路局的主要负责人、党委书记、副局长都被撤职处分。当年"十一"前夜，铁路部门对高铁和动车都采取了减速和降价措施，并对所有火车进行了安全运营大排查。总而言之，事实决定舆情，网络舆情取决于线下的舆论。大部分的网络舆情都是针对社会上发生的一些重大事件、热点问题而做出的反应。只有对突发事件、敏感议题进行适当处理，才能真正实现对网络舆情的有效化解。

第四讲

各方力量推波助澜

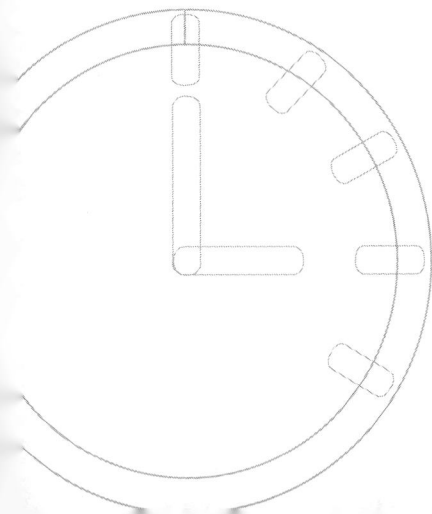

在许多网络舆论的产生和演变过程中，谣言成为一个推波助澜的因素。特别是在突发性、危机性和群体性的网络舆情中，谣言常常是诱导网民参与并激化舆情的一个重要原因。因此，深度剖析谣言，对于网络舆论的研究具有重要的现实意义。本讲对网络舆论中常见的谣言进行了归类，并对其蔓延的深层原因进行了探讨。

一、谣言的类型

（一）恶搞名人型

2010 年 12 月 6 日晚上 8 点，金庸先生的"死讯"在新浪微博上迅速传播开来："知名武侠小说大师金庸，于 2010 年 12 月 6 日 19 时 07 分，在香港尖沙咀圣玛利亚医院不幸去世。"很快，一位凤凰电视台的主持人发了声明："金庸先生昨天刚刚参加了树仁大学名誉教授的颁奖典礼。此外，香港并没有这样一家医院。"但是，这个谣言仍然在新浪微博上广泛传播，对金庸先生的名誉造成了极大损害。"谣言之源"究竟是何人，已经不可考，但其目的却是借助金庸的"明星效应"来吸引观众注意力，哗众取宠。还有很多类似的谣言，比如，谣传《海贼王》的作者尾田荣一郎死于 2011 年 3 月 11 日的日本大地震等。

（二）商业策划型

从 2010 年 11 月 2 日晚到 3 日早上，"张国荣死而复生"的信息在网络上炸开了锅，仅仅两天时间，新浪微博就有三万多条相关留言。事后证明，这只是一个商业策划。上海一家公关公司为显示其能力，发布了一则虚假新闻，名为"郭敬明舞美师爆料"。还有很多类似传闻，如张卫健胃癌、罗志祥染上性病、古天乐与李泽楷已成一对……更离谱的还有迈克尔·杰克逊、张国荣与梅艳芳将联合举办一场"起死回生"的演唱会，等等。公共关系公司为了吸引眼球，使用互联网制造谣言，以获取更多商业利润，却污染网络生态环境。

（三）捣乱取乐型

"广州白云机场，金鹿航空737，起落架放不下来，现在要迫降了。"这是一家国内门户网站的主管在2010年6月8日发布的一条微博。此微博一出，立刻引起了不少网友的注意，想知道细节。一位名叫"西门不暗"的网友"披露"了更多"细节"：低空飞行时，试图用重力加油，结果失败，又重新升到了空中，在这段时间里，有很多消防车抵达，还有几架飞机不得不在深圳降落，等等。8日下午，各大媒体纷纷赶到白云国际机场，确认机场并未关闭，所有工作都在有条不紊地进行着，并无紧急情况发生。经过调查，这些造谣者并无任何商业目的，只是为了忽悠大家，以满足自己的娱乐心理。

（四）制造恐慌型

2011年3月11日，日本大地震引发福岛核事故，网络上有人编造英国"BBC新闻台"报道："日本政府已经确认，福岛县核电站发生二次地震，核泄漏已经向亚洲各国扩散，预计将于今天下午四点到达菲律宾，建议民众24小时内减少出门，多穿长袖衣服，以免被核辐射，特别是脖子，请转告亚洲地区的亲戚朋友。"这则谣言不但有所谓的官方消息，还配上了详细而貌似亲切的问候。日本发生大地震时，在微博上发表的"海盐被日本核污染"，引发了"抢盐风波"……还有，自称"环保专家"的董良杰在2013年9月下旬被依法刑事拘留，为了博取眼球，赚人气，他编造出了诸如"自来水里的避孕药""舟山人头发里汞超标""南京猪肉含铅超标""惠州猪肝铜超标"等谣言。

（五）主流媒体缺位型

2010 年 4 月 29 日上午 9 时 40 分，江苏省泰兴市一所幼儿园发生了校园杀人案，造成 31 人受伤，其中 28 人是幼儿，引起了强烈的社会反响。联想到 2010 年 3 月 23 日福建省南平市延平区南平实验小学门口发生的持刀致人死亡的惨剧，更是让公众迫切地希望能够查明这起案件的真实情况。第二天，各种小道消息开始在网上流传，伤亡人数在不断增加，官方"无一儿童死亡"的说法备受质疑。那天，各大媒体纷纷转载了 4 月 29 日泰兴政府官网上发布的正式公告："泰兴镇中心幼儿园发生持刀行凶事件，受伤人员得到迅速救治。"主流媒体语焉不详的一句转载，不仅显示了自身在热点事件中的功能缺位，而且大大削弱了公众的知情权。正是传统媒介的缺失，才导致了流言的广泛传播。在某种意义上，微博已经成了一种媒体。而互联网的便捷，也使资讯传播速度加快，普通民众分不清真假，一时之间，网络成为谣言滋生的温床。

网络上散布谣言的方式大致可以分为四类：第一类是捕风捉影，比如曾经在网络上疯传的"和尚挎 LV 包"，实际上是一个僧人在南京火车站帮忙搬运行李；二是编造谣言，比如饮用留在汽车里的瓶装水可以诱发乳腺癌等；三是断章取义，比如 2011 年 6 月北京市卫生局、北京市疾控中心针对国外出现出血性大肠杆菌疫情而向市民发出警示通知，在网络上被人理解成出血性大肠杆菌入侵北京；四是"移花接木"，主要是文字与图片不一致，比如在温州动车追尾后，网络上流传的被铁道部控制的受害者家属被扼住喉咙的图片，实际上是武汉某处违章建筑的拆迁现场。

二、谣言传播的原因分析

为什么互联网会变成谣言的温床？谣言之所以会出现，有"利益诉求"（有些人利用谣言来发泄自己的负面情绪）的原因，也有"心理诉求"的成因。网络上的谣言，现在只需要一键转发，就能让谣言以前所未有的速度扩散开来。谣言何以在网络舆情中泛滥，并成为引发网络舆情的重要原因？主要表现在以下五个方面。

第一，网络上层出不穷的新型传播方式所具备的自媒体特性，为谣言的传播打开了大门。互联网的传播方式大大降低了普通民众的准入门槛，任何一部能上网的手机、计算机，都能发布各种消息（包括谣言）。网络环境下，人们获得和发表信息的能力日益增强，充分体现了人们自由表达的权利，还有对事情的知情权，促进了信息的畅通。但是，在广大民众中，大部分人并没有接受过专业的新闻知识训练，也没有接受过专业的记者职业道德训练，缺少专业的辨别能力，这就使得流言在网络上的传播变得更加迅速、更加广泛。网络上分散的信息，也倾向于呈现不完全的事实。就像一位学者对微博传播局限性的说明："只有现场不求真相，只有片段不求整体，只有瞬间不求时间，微博对突发事件的传播在相当大的程度上只是一种猎奇。"

第二，由于网络"把关人"的缺位，谣言得以畅通无阻地传播。在报刊、广播、电视等传统媒介中，新闻的发布权与解释权由"把关人"来决定，只有那些符合"把关人"价值观的信息才会被允许进入。自媒体具有"所有人面向所有人"的特点，使得人人都可以作为一个节点，对信息的传递与流通产生了重要影响，增加了信息管理的难度。而当前网络"把关人"的缺位，意味着任何人都有可能成为谣言的传播者、制造者。

第三，互联网"开放性"的传播特性，如匿名、方便、即时、低成本、易转发等，加之移动互联网用户的不断增加，使得互联网成为谣言便利的传播媒介。互联网的匿名性，让造谣的人很容易隐藏起来。互联网的廉价、便捷，方便了现场直播，并且很容易"一键转发"，只要动一下手指就可以了。网络是一个开放的平台，在理论上，信息在网络上的传播是可以无限扩展的。但是，凡事都有两面性，人们在享受着网络上大量信息的同时，也常常分不清真假。于是，网友们在分享、跟随某一共同关心的消息或话题的同时，也给谣言提供了可乘之机。

第四，"粉丝"因其巨大的用户基数和较强的交互性，被一些公司廉价使用，作为传播谣言的媒介，帮对方获得广告效应和经济利益。根据媒体的报道，"粉丝"的交易已经公开化和市场化。只要2角钱，就能在淘宝上买到一位"微博粉"；只要舍得花钱，2399元就能拥有30000名歌迷，并享有巨星般的人气。有些是人工注册的，有些是利用相关的App，有些是专业的，有些则是只有一到两个，最多的是十来个，甚至有人已经注册了上万个微博账号，可以按照顾客的需求进行售卖，数量大了，还可以在App上继续刷。

第五，在突发公共事件中，如果信息不及时、不充分，传统媒体"集体失声"或者政府公信力缺失，互联网就会成为谣言与流言的滋生之地。对于一些社会突发事件，在传统媒体没有及时报道的情况下，网络往往是最先发出消息的，也是人们查找、核实消息的来源。但是，在持续的转发和二次转发的过程中，没有专业素质的普通网民很容易对原本的消息添油加醋或加入自己的意见，从而导致谣言愈演愈烈。谣言是一种来源不明、无法证实的信息，是一种以群体行为为主的信息形态，不确定性很高，而传统媒体则是在传统传播途径不畅通或作用弱化的时候才会出现。比如江苏泰兴某幼儿园杀人案，民众急切想要知道事情的真相，然而报纸、电台、电视等传统媒体都没有对这件事进行充分报道，只是转发了当地官方发布的一则很简短的通知。在这种情况下，传统的新闻媒介、政府的通告已经无法满足大众对于真实情况的迫切需要，网民的信息需求未被满足，他们不自觉地转向了"八卦"消息。之后，各种小道消息在网络上流传开来，但真相却被掩盖。

总而言之，网络舆论中的谣言、流言很容易误导大众，引起人们恐慌，严重时还会造成群体事件，威胁到社会的和谐与稳定。

三、意见领袖在网络舆情中的作用

在网络舆情的组织、动员和推动中，意见领袖、网络水军发挥了非同寻常的作用。"意见领袖"概念的提出者是美国著名社会学家、传播学教授拉扎斯菲尔德。他指出："信息是通过大众媒介传递到意见领袖，再从意见领袖扩散到其追随者中去。"换言之，意见领袖是信息传递链上的一个中介，通过这个中介站点，信息被处理成意见，然后再传播给那些关注他们的人，也就是所谓的"粉丝"。他们能左右他人的看法、态度乃至行为，扮演着加工厂、包装店和发酵池的角色。在网络舆情事件中，意见领袖不仅是参与者，而且是领导者，在组织、动员、舆情演变等过程中，扮演着"带头大哥"的角色。

在互联网媒体时代以前，意见领袖主要是由记者、编辑和专栏作者等传统媒体人担任的。他们的审核能力很强，一般都能引导社会舆论。在新媒介兴起之后，其自发特性以及"把关人"的缺失，使得来自系统内外、各个领域的意见领袖能够共同发表自己的看法，这对于网络舆情事件具有正、负两方面的影响。

在网络环境下，舆论引导是一种有效的动员手段。网络舆情事件的初始涉事者，大多为受害人或因利益受损而遭受损失的弱势群体，他们往往处于资源匮乏的状态，无法调动民众参与公共事件。想要实现群体行为，就必须借助外界的力量。有资源的个体或组织是集体行动的关键。意见领袖，就是拥有资源的群体，他们可以在网络舆情事件中对公众的参与进行推动、引导、强化，甚至是操控。在此背景下，网络舆情事件中的公众参与行为，更多是由网民的不满、热情、好奇等情感因素引起的，说到底，是网民对相应资源的调动和组织。

社交网络理论将社交网络视为一个由众多行为主体组成的集合。具体来说，就是网民及其关注的目标以及一个固定的"粉丝"群体，通过"关注""转发""互粉"等信息传递行为，构筑起了一张"线上"与"线下"的社交网络。传播学者彭兰就意见领袖和社交网络之间的联系进行了详尽而深刻的阐述。她认为，在社交网络中，有一种力量的联系。意见领袖具有稳定而强大的个人传播力量，影响着信息的传播范围与方向。在这样一个社会网络中，权力核心的出现，就是网络空间中话语力量的分化。除了人气、社交能力、学识背景等个人特征，网络上的意见领袖也受到了互联网环境的推动，"强者越强，弱者越弱"的马太效应以及社会环境和时代背景的作用。

网络空间中的"再分配"力，对网络空间分布也有一定影响，即在网络传播信息的过程中，不同的网友具有不同的能力。一条消息，如果被一些"重量级"的网友转发，数据、效果就会更好。所以，一个消息要想取得良好的传播效果，就必须赢得更多的"意见领袖"和"权威"网友的支持。总体而言，意见领袖等权力核心的存在，对微博信息的传播具有促进作用。但是，在现实生活中，意见领袖也会转发错误信息，造成公共资源的浪费，从而影响到有关部门的正常工作，削弱政府声音，给舆情事件的传播带来不利影响。

四、网络推手和网络水军的运作

在热门话题的背后，可能会有一只"黑手"——网络推手和网络水军。他们为了自己的名誉和利益，或者接受他人的委托，对相关网络舆情事件进行炒作、放大，甚至是策划和操纵，给网络舆情生态带来了较大的消极影响。

（一）网络推手

"网络推手"有两层意思。一是指那些进行网络信息传播，能够将信息传播出去，引起大众注意并形成舆论的人，这一类人与互联网上的舆论领袖有异曲同工之妙。二是指利用互联网这个平台，对即将发生或已发生的网络公共事件进行传播、制造热点，使其在互联网上形成舆论。后者专门制造舆论，进行人身攻击，违背伦理甚至法律。在此只涉及第二种类型的网络推手，以便将其与网络意见领袖区分开来。

网络推手各式各样，其宣传目的与方式也多种多样。有些人是为了扬名，有些人是为了推销商品，有些人是为了打击竞争对手，有些人是为了搞笑，有些人则是为了引起某些人的不满……网络推手利用公众多元化、复杂性的心理特点，在不同的网站、微博、微信群中发布预先设定的主题，雇用水军，在最短时间内关注、转发和评论这一事件，并以最快的速度和广度进行扩散，试图制造群体效应，使网民在群体压力下，接受自己预先设定的意见，引起广泛关注，形成热点。那么，网络推手又是怎样在背后谋划、驱动网络舆论的形成与发展呢？其技法有三。

一是针对某一特定事件，进行针对性宣传。在此类事件中，网络推手会以隐藏的身份出现在网络上，揭露内情，放出独家消息。在某一事件发生之初，他们经常被网友们认为是勇敢、正直且有社会良知的。然而，当事情发展到一定程度，或者是尘埃落定，又或是数年之后，更多的人站出来揭露真相时，网友们才终于看清了那些幕后黑手的真面目。"郭美美"事件就有网络推手的参与和推动：网名为"郭美美"的女子在微博上编造了一个"红十字会商业总经理"的称号，然后在微博上大肆炫富，吸引了很多人的注意。之后，她参加了宁夏电视台的《解码财商之财经郎闲评》，接受了知名经济学者郎咸平的独家采访，透露了自己的意图：想进娱乐圈发展。

二是有目的地加工、夸张甚至捏造。在此类情况下，网络推手披露或发布的消息，都是经过加工、渲染、夸大的，以实现其恶意炒作和商业利益。互联网上的信息种类繁多，让网民一时之间难以辨别真假，这就为网络推手提供了机会。"金庸之死"的谣言，就有人在背后推波助澜。事后，造谣者到底是何人已经无法查证，但是他们的目的很明显，是为了"傍明星"，吸引眼球，增加"粉丝"。

三是"嫁接"特定的事件和热门的话题，以非理性的刺激来引起大众的关注。在此类网络舆情事件中，网络推手将目标事件隐蔽地融入热门话题，或通过一定的人为设定，将其与热门话题相联系，引发大众的非理性情绪，搭上"便车"，促使人们在对热门话题进行聚焦的情况下，引发其对特定事件的参与意愿。日本福岛大地震引发的"抢盐风波"，正是网络推手"嫁接"了目标和热门话题。2011年3月16日，浙江各地民众纷纷抢盐。此后，上海、浙江、广东、广西等省区市都有类似的"抢盐"现象。问题的根源在于微博上的一些传言，如"碘盐中含有的碘可以抵抗核辐射""日本的核辐射导致了海盐的污染"。虽然媒体否认了这一说法，业界也做出了说明，但是依然有不少人在超市前排起了长队。随后，网络上出现了"脱销"消息，引发民众恐慌。相关部门迅速投放大量食盐，并且邀请了权威专家进行澄清，这才平息了"抢盐风波"。从舆论角度来看，网络推手充分利用了日本大地震引发的巨大恐慌和人们对核辐射灾害的担忧，在一定程度上激发了网民的非理性情绪，使得"抢盐风波"成了舆论焦点。"抢盐风波"中，有些"趁火打劫"的商人大捞一笔，一袋一块钱的盐被炒到了二三十块。这些商贩客观上参与了造谣、炒作，诱导群众参与抢盐活动，扮演了一次"轻量"的网络推手。

目前，网络推手越来越多地由个体运作走向专业化、协作化和产业化。随着网络传播的即时性、广泛性特征愈加受到关注，越来越多的公共关系企业和网络营销公司开始借助网络推手的力量，引导大众参与网络舆论的生成，从中获利。一些公司、个人及公共机构越来越需要借助网络推手进行网络营销，以压制竞争对手，或者通过删除帖子等手段来消解负面效应。在互联网上，网民有时在有意识或无意识的情况下成了推手，这让部分网民"造谣中伤"变得更加得心应手。

网络推手的组织运营模式也日益多样化。有些会在某一特定时间点，通过网络搜集特定目标的负面信息或掌握有关"内幕信息"进行网络发布或披露，以此来威胁目标。有些是在特定时间内，在网络上针对特定目标发布大量负面消息，引发热点事件，造成负面舆论，以此来打击和压制目标。有些是将预先准备好的积极正面的消息发布在网络上，引起大众注意，进行市场促销或者是树立良好形象。我们可以这样形容网络推手的特点：翻手为云，覆手为雨。

（二）网络水军

网络水军是指由特定的个人、公司或组织雇用来"灌水"，从而达到预期的传播效果及经济收益的网络用户。它符合网络传播的广泛性、大众性和即时性的特点，发布和转发信息的速度快、数量多、个性强、有吸引力。他们以"水帖"为主，被戏称为"网络环境中为干预舆论而工作的来料加工的非智力外包工厂"，往往被网络推手雇用，充当"帮凶"，以达到网络推手的传播效应，实现商业利润。如果说网络推手是"包工头"，那么网络水军就是"工人"。

有的公关公司有数万名网络水军，他们可以轻而易举地把自己的能力发挥到极致，发动网民参与公共事件。当然，"层层转包"也是互联网上的常规操作。有的时候，水军们还会去找同行，即与自己较为熟悉的水军，这就好像是一层又一层的建筑。目的是让这件事情"火"起来，变得更有吸引力。

由于网络水军在公共关系运作中的隐秘性，能够适应新媒介的传播规则，因此，对大众的参与也有着一定引导作用。有些网民有随大溜的从众心态，再加上对网络上相关信息缺乏快速的辨别能力，所以很容易被卷入舆情事件，不知不觉成了"同盟军"，成了网络舆情的推动者。当然，对于那些造谣、诽谤、恶意攻击的网民，我们要运用法律的武器，让网络空间清朗起来。

第五讲

正确认识网络舆情处置及其基本原则

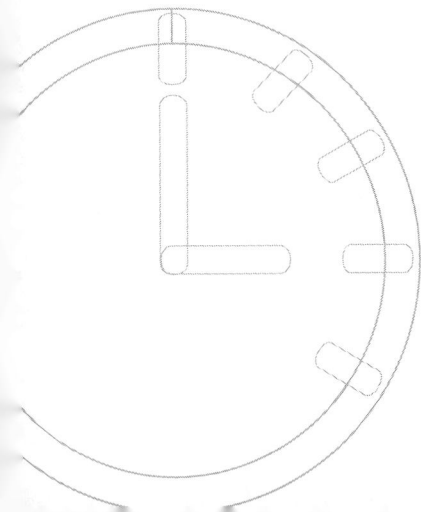

网络是现代社会中主要的沟通媒体，它在信息传递、人际交往、维护社会秩序等方面发挥着巨大作用。网络是一把双刃剑，具有正反两个方面的影响。一方面，网络以其快捷的速度、广泛的受众、强烈的互动、高度的分享，显示了传统媒介所不具备的优越性；但另一方面，互联网上的信息也存在着内容繁杂、来源零散、缺少整体性等问题，网上不乏粗鲁、低俗的信息。简言之，互联网既包罗万象、丰富多彩，又乱象丛生，藏污纳垢。互联网已经成了一个群体性事件的策源地，常常成为舆情风暴的中心，它在互联网的支撑下，将一些本地的事件传播到了全国各地，将个别的事件推向了大众的视野，让普通的事件变成了热门的话题，让简单的事情变成了错综复杂的问题，引起了社会大众的高度关注，给社会的和谐与稳定带来了一定的影响。现如今，网络舆情处置已经成为一门专业性很强且应用场景较为普遍的工作。

一、网络舆情处置的基本内容

网络舆情处置可分为广义与狭义两种。从广义上讲，网络舆情处置包括由网络舆情监控、网络舆情判断、网络舆情预警、网络舆情应对、网络舆情评价构成的"五环工作链"。在狭义上，网络舆情处置主要是对网络舆情进行处理，具体而言，它包含了网络信息公开、网络舆论引导和网络舆论控制等方面。

正确认识网络舆情处置，首先要明确网络舆情处置与突发事件处置的关系与差异。具体而言，二者之间的关系主要体现在两个方面。第一，突发事件有物质性的实体事件存在；而网络舆情则是一种意识的体现，它以实物事件为首要依托，然后被网络反映。第二，网络舆情处置要和突发事件处置工作紧密结合。网络舆情是在对真实事件的处理过程中不断演变的。如果不能及时有效地处理好现实舆情，那么，网络舆情就会难以正确处置。"线上处置"与"线下处置"相结合，才能更好地处置网络舆情。

网络舆情处置和突发事件处置既有关联，又有不同。第一，网络舆情处置目标和突发事件处置目标是不一样的。突发事件的实质处置目标是一系列现实生活中的突出问题、突发事件和矛盾冲突，而网络舆情处置目标则是意识形态冲突、信息流通和利益表达等。第二，对网络舆情的处置和对突发事件的处置有很大区别。突发事件处置过程中，要按照《中华人民共和国突发事件应对法》《国家突发公共事件总体应急预案》等有关法律、法规进行科学、有序的处置。除了以上法律、法规，还要按照《中华人民共和国政府信息公开条例》等有关法律、法规的要求，严肃负责地开展信息公开、新闻报道、舆论引导、网络控制等工作，避免负面舆情的发生。

二、网络舆情处置的基本原则

（一）同步开展、同步部署

这"两个同步"是网络舆情处置的基本原则，是指在网络舆情处置中，突发事件和网络舆情处置要同步进行、同步部署，亦称"嵌入式"原理，意指突发事件处置必须同步"嵌入"网络舆情处置的实际进程，形成高度契合和密切联系。首先要做的就是处置好这件事，除去极个别的"造谣中伤"事件，大部分舆论都与事件本身相关联，如不处置好，舆论很难平息。另外，如果仅仅对事件进行有效处置，而没有后续的舆情处置，则会出现信息不对称的情况，最终产生不良效果，进而影响到政府的公信力，对执政根基造成无形的伤害。所以，突发事件处置和网络舆情处置要密切配合，同时进行部署并实施。处置结束后，要对处置结果进行综合分析，举一反三，形成一个完善的工作反馈体系。在突发事件处置中，存在着"重实体事件轻网络舆情"等现象。良好的网络舆情处置能有效地推动突发事件处置；相反，情况会变得更糟，严重的还会引发群体性事件。这就需要网络舆情管理者和突发事件管理机构之间建立起有效的沟通和协调机制，确保在网络舆情预警发出之后，相关党政主管部门能够做出积极且有效的反应，实现对突发事件的同步处置，对于产生重大影响、引发广泛关注的热点舆情，要在第一时间内将最新的权威信息传递出去，并对公众的意见进行准确的引导，从根源上解决网络舆情问题，并"倒逼"解决现实中的深层次问题。

（二）指导方针

2008 年汶川大地震后，全国各大媒体纷纷聚焦灾区，并展开了全方位的报道。网络舆情处置工作有哪些依循？"及时准确、公开透明、有序开放、有效管理、正确引导"是舆论工作的指导方针，在遇到紧急情况时，政府要在第一时间抓住机会，反应尽量权威，占据有利位置，建立先发优势，掌控住话语权，控制好谣言的生成源头。在答复意见的处置上，要做到信息的真实性、准确性，保证透明度。在关键事件的信息上，要做到前后一致，各部门统一口径，要切实解决群众关切的问题，避免空洞的议论，同时也要注意语言的连贯性和有序性，根据事态的发展，一条一条地讲，有条有理，不能失言，不能妄语。政府要把好的舆论导向摆在第一位，以积极的报道为主，让社会主义核心价值观与社会的主流舆论相结合，对群众的观点进行集中，对舆情进行疏导，对热点问题进行引导，对舆论进行监督，做到保持正确的方向和充分了解民意。在此基础上，应进一步健全网络法制，强化网络监管，确保网络环境的和谐、稳定与有序发展。与此同时，也有地方政府将舆情处置总结为"快报事实、慎报原因、求实为本、依法处置。"

（三）低开低走、"网来网去"

低开低走，是指不要把舆情处置、新闻发布的层级迅速提升到较高位置，尽可能地把事件处置和舆情处置限制在事件发生的层级。比如，一个村子里出了事，市里就立刻召开记者招待会，过不了几天，省里也召开记者招待会。这样一来，事情就会变得更加严重，引起更多人关注，处置起来也会更加困难，会变得很被动。所以，在研究网络舆情处置对策的时候，可以采取省级、市级、县级联动的方式，在撰写新闻发布稿时，也可以让上级领导审核，但是，在事件发生的初始阶段，直接出面处置的级别最好是在事发层级，基层矛盾就吸附在基层，化解在基层。

"网来网去"，即网络上的热门话题，通常要第一时间在事发初始渠道进行回应，这样会更有针对性，确保精准回应。但当出现重大舆情事件，或者涉及公众的生命和财产安全的时候，可以通过新华社、《人民日报》、中央电视台等中央媒体和当地的主流媒体等发布权威信息。以事论事，有针对性地对社会关注的问题做出反应，但不要与当事人和公众发生直接冲突。这种方式更具主动性，留有回旋的空间，更容易让网友们接受，也能让热门话题冷却下来，更能起到"理性平和"的引导效果。

引导与治理：网络舆情要两手抓

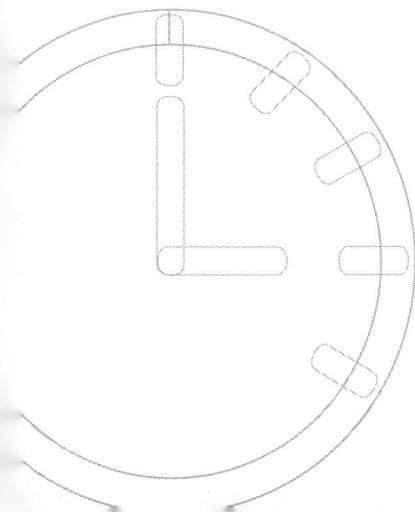

对网络舆情进行有效处置，应当采用"疏"为先的舆论调节思想。事实上，舆论导向就是要扭转不合理的，使其朝着正确的方向发展。所以，网络舆论引导，本质上是舆论引导者使互联网用户发生"态度改变"的过程。实践表明，要做到"攻心为上"，把握好网络舆情主体的心态变化规律，有利于提高舆论引导的针对性、实效性。本讲聚焦于一般网络舆情处理的两个原则，即引导与治理。引导是软性策略，治理则是硬性策略。软硬要两手抓，才能有效处置好网络舆情。

一、网络舆论引导的理论借鉴

网络舆论引导的本质在于如何转变民众态度，这是研究的重点。自 20 世纪 30 年代以来，社会态度的变化已成为社会心理学界的一个重要问题。社会心理学中的态度转变，是指已有的态度在受到某种社会因素的作用下或受到某种信息或观点的影响后，产生了相应的改变。

（一）学习理论

行为主义心理学家对态度变化的学习理论进行研究，主要包括两个方面：态度变化的过程实质上是一个"学习—反应"的过程，其本质是在强化原则的支配下，具体的刺激和具体的响应之间的联系；在改变别人的态度时，除了要理解并把握其特点，还需要对自己的状况有一定的认识，把自己看作一种在刺激和响应之间不可或缺的媒介。所以，要想改变别人的态度，就要先知道其原始态度，知道别人的过往经历，有效激励。态度转变学习理论，摆脱了以往用神秘直觉来解释人与人之间关系的错误，但是它的根本原则和观点都没有超出行为主义学习理论的范畴，它的本质是将行为主义学习理论运用到态度变化研究领域的结果，没有将认知和情绪因素考虑进去，所以在实践中有很大的局限性。

（二）社会判断理论

谢里夫与霍夫兰德于 1961 年首次提出了社会判断理论。根据这个理论，一个人的态度可以视为由接纳的区域、不确定的区域、拒绝的区域来共同组成。个体在面对某种说服信息或者新的观点时，会先做出判断，明确这些信息、观点在自己的态度区中处于什么位置，从而决定是否要按照以上所说的原则来改变自己的态度。一个人在判断新的观点和主张是否在其所接受的范围内时，会自然而然地接受这些，进而改变自己的态度。另外，如果一个人的新想法处于一个不确定的状态，那么他就会改变原来的态度。社会判断是一种带有强烈认知色彩、个性倾向的理论，它强调个人对外界刺激的感知、判断以及对自己的态度，存在一定的局限性。这一理论所考察的态度变化，基本上都是在态度的变化中进行的，而对于转变的态度则很少有研究。

（三）功能理论

社会心理学家认为，人之所以会有某种态度，是由于态度本身就有一种功能，可以满足人的某些需求。因此，态度的作用是变化的深层心理动力。目前存在着两种不同的功能理论，一种是由美国社会学家伊莱休·卡茨在 20世纪 60 年代提出的，一种是 1956 年由斯密斯和其他学者提出的。二者的理论基础非常接近，但是关于"态度"的作用却是不同的。卡茨的功能主义理论认为"态度"的作用主要有四点。一是工具性、调适性的作用。根据卡茨的观点，一个人之所以对一种态度抱有正面的看法，是由于这种态度对满足个人的需求是有益且有效的，而对某种态度的客体持负面的态度，是由于它妨碍了个人需求的实现。同时，个人态度既是个人内部需求的体现，也对实现个人需求起到推动作用。二是自我防卫的作用。卡茨指出，态度的形成与变化，通常是出于对自身的一种保护，或对自身形象的维护，维持其内在和谐，因此，态度有自我防御的作用。三是价值观的表现作用。卡茨相信，一个人的内心价值能透过他的态度表现出来。我们每个人在现实的社会化活动中，都会对人生及人生的意义形成自己的认识，并由此形成价值内涵。四是认知与评估作用。卡茨提出，个人对其所处世界的认知，是其形成与变化的重要方式。每个人都希望了解身边各种各样的知识、经验和信息，并且将这些知识、经验和信息进行记录、整理和分类，让它们和各种各样的事情联系起来，从而得到对事情的理解和认识，并把这些认识、理解和评价组织到自己的态度中去。

态度变化的功能理论不仅强调了态度的需求满足作用，还指出了在态度变化上的个体差异。所以，随着需求的变化，心态的转变也会因人而异。然而，该理论的缺陷在于，在实践中，难以客观、精确地度量出态度的满意程度，从而导致该理论在实践中还存在一些局限。

（四）态度改变三阶段理论

美国社会学家凯尔曼于 1961 年提出了态度形成和转变的三个阶段说。他认为，心态的转变并非一蹴而就，而是要经历模仿、同化和内化三个阶段。第一阶段为仿效与顺从期。凯尔曼认为，心态的形成与变化有两种方式：第一种是自发的、无意识的模仿，第二种是某种胁迫下的顺从心理。每个人都有一种模仿和认同别人的趋势，特别是对自己所尊敬崇拜的目标，在这种模仿的过程中，也会因为认可不同的对象而学到不同的态度，这是一个人的态度形成与转变的最普遍方式。顺从是指个体为得到一定的物质或心理上的满足，或者是为逃避处罚而采取的一种行动，在这种行动中，会有与之相适应的态度。第二阶段为同化期。这是指人主动地接受他人的意见、信仰、行动或新的信息，从而使自己的态度向所要形成的态度靠拢，这个时期的个人，因为在同化的过程中已经对自己和所要认同的群体的关系有了足够的认识，从而采用了与别人一样的态度和行为，但是这种态度还没有与自己原来的整个态度系统相结合。第三阶段则是内化期。这是指一个人的内心已经真的改变，接纳了新的观点、新的感情、新的计划，并把它纳入自己的价值观，新的态度已经完全形成。

在上述有代表性的理论中，社会心理学家从社会态度变化的过程、影响因素和作用等多个方面深入探讨了态度的变化，并尝试运用行为主义观点、认知观点和信息加工观点来解释社会态度变化的成因。对于态度转变的各种解释，既有一定的合理性，也有一定的局限性，特别是在态度变化与行为变化的关系、定义和测量等方面，还存在很多有待进一步讨论的问题。从舆论导向的视角，提出了对舆论进行有效引导的途径与方式，表明了"攻心为上"是网络舆论引导工作的重要内容。

二、网络舆论引导的基本方法

网络舆论引导的具体方法有很多，然而，从社会心理学关于态度转变的研究来看，其基本的引导方法主要有以下三种。

（一）劝说宣传法（说服法）

劝说宣传法是运用多种媒体手段进行信息的传达，并以此为手段来影响人们，进而改变他们的态度，是一种应用十分广泛的方法。对此问题的研究主要集中在霍夫兰等人所创立的"耶鲁学派"。通过这种方法对别人的态度进行转变，就是将劝说的过程看成一个信息传播与交流的过程，包括四个方面，即信息的传播者（劝说者）、信息的传播过程、信息的接受者和传播的环境。而信息传递的终极目标，就是要让被劝说者得到所要传达的信息。

传播者本身所具有的特性往往会在很大程度上影响说服性传播。与劝说宣传相关的个体特征包括专家背景、社会认同、人格魅力、传播者与被劝说者的相似度和依赖度等。

信息的表达形式与组织形式对说服效果有很大的影响。同一条信息，在运用不同的沟通手段与手法时，常常会产生截然不同的说服效果。

首先，这一点体现在对单向和双向传播的选择上。单向传播是指在说服别人时，仅叙述那些可以证明自己的主张或观点的根据，或是仅仅强调对方的各种缺点、漏洞。而双向传播是对反面的意见进行介绍，并进一步肯定它的可取之处。霍夫兰的实验表明，这两种传播途径的影响并不存在孰优孰劣，要综合考虑其他相关因素，才能清楚区分这两种途径。单向传播容易引起文化水平较低者的态度变化，而双向传播容易引起高文化水平者的态度变化。另外，也有研究显示，如果被劝说者本身所获取的信息可能多于一方，那么使用双向传播更为合适；当被劝说者从劝说者那里获得各种信息时，采取单向传播的方式更有效。如果一个人想要立即改变他的态度，应当采取单向传播；相反，使用双向传播。总之，要根据不同的情况，选用不同的传播途径。

其次，在沟通中，信息的呈现顺序也会影响信息说服的有效性。从社会心理学的观点来看，最先出现的信息对个体的作用最大，被认为是第一原因，而随后出现的信息对个体的作用较小。在说服实践中，到底应该先陈述自己的意见，还是后陈述自己的意见，要视具体情况而定。一般来说，当两类信息相继出现时，其间隔时间较短，而当信息呈现和态度评价相隔时间较长时，就会出现首因效应；相反，它将出现近因效应。

最后，不同的沟通方式、沟通工具对说服效果的影响是不一样的。说服信息的接收可以分为两个阶段，一个是对信息的理解，另一个是对信息的反应。在前一阶段，以书面形式传达的信息更能说服人，特别是较为复杂且难以把握的信息；在第二阶段，以图片、视频等形式进行宣传，说服效果更佳。

被说服人的特征对说服效果也有重要影响。比如，被说服人最初的态度是否很坚定；被说服人的个性特征，决定了他是不是愿意接受他人的观点并转变自己的态度；个人对说服信息的接收形式是多样的，有些信息对其有一定的作用，而另一些则在第一印象中起作用。每个人对信息的处理方式都不一样，必然会影响说服效果，进而影响到态度的转变。

说服往往存在于特定的情景之中，因此特定的情景也会影响说服的效果。首先，在复杂多变的环境下，单个信息的说服作用会被其他信息所影响与限制，多种信息的相似性或一致性程度越高，说服作用也就越强。然而，当不同的信息存在矛盾，任何一条信息的说服作用都会被削弱。其次，采用单一的说服方式，使其不受干扰，可以达到较好的说服效果。但是，注意力的分散并不一定会减弱信息说服效果。有时候，稍微转移一下注意力，能更好地说服别人。这是因为，被说服的人会花更多的精力来克服注意力的分散，这样就能接收到更多信息，进而更全面地理解这些信息，并且他也不会有太多的时间，也不会有太多的心理准备。另外，轻微的注意力分散会导致被劝说者对自己的态度、判断产生怀疑，从而提高劝说的成功率。最后是信息的重复性。不断地重复某个信息，可以使其印象更加深刻，并使其更加牢固，进而加强该信息对他人的影响力，帮助其转变态度。然而，重复的作用是有限度的，太多的"重复"反而会使人产生"厌倦""逆反"等情绪，适得其反。

（二）暗示法

暗示是指通过含蓄或间接的方式、途径和方法，对个人或团体产生作用。这一心理效应具体体现在人们采取某种行为，或者对某种观点和信仰的认同上。暗示的形式有很多种，可以是口头的，可以是文字的，也可以是非文字的，还可以是手势、表情或其他暗语。暗示可以是他人的建议、环境的建议或者是你自己的建议。

暗示语的类型，根据有无目的可分为自然提示与故意提示；从范围上看，可以分为个人提示和社会性提示；根据意识的作用方式，可以分为自发的（也就是自己）和他人的（也就是普遍的）；就其本质而言，可分为正面提示和负面提示两种。此外，还有情景、权威、催眠、个人、团体等多种类型的提示。社会学家孙本文在其著作《社会心理学》中将暗示归纳为四种类型。第一种是直接暗示，它向被暗示的人直接指出某一事物的含义，而不假思索就能很快地得到它。"望梅止渴"是一种很好的比喻，它既直观又快捷，也不会引起对方的误会。第二种是间接暗示，它是指说话者没有表露出自己的动机，也没有清楚地指出某件事情的含义，只是直接传递到被暗示者的身上，从而影响被暗示者的思想和行为。这种暗示往往不会让被暗示的人产生抵触情绪，所以效果更好。第三种是自我暗示，也就是通过思想、语言等手段来刺激自己，从而影响自己的情感意愿，或者深化自己对某种思想的认识，或者要求自己按照一定的方法去做。"杯弓蛇影"就是一种负面的心理暗示。第四种是反向暗示，它使被暗示者产生截然相反的反应。反语有两类：一种是刻意的反语，也就是为了获得积极的结果而刻意地说出反语；一种是无意识的反语，也就是想要做积极的解释，但在不知不觉中产生了适得其反的效果。

暗示者、被暗示者、周围的环境都会对暗示的作用产生影响。一般来说，暗示者的身份越高，暗示的作用就会越大。被暗示者经验愈丰富，努力程度愈高，独立性愈强，暗示力就愈弱。在压力大、风险大的情况下，人更易被暗示。

一种与暗示相关的心理学现象就是模仿。模仿是一个人在不受外部约束的情况下，模仿别人的行为，这是一种重要的社会交往方式。可以说，模仿同样是一种心理作用，是一种根据人的心理活动而产生的类似行为。模仿的心理学依据是身份，只要对某一行为特点表示认可，就会产生模仿该行为特点的行动。

塔尔德提出了"模仿理论"，认为模仿是人类社会发展的根本法则。塔尔德把"模仿"理解为"暗示"，并指出"模仿是一种因暗示而产生的行为结果"。美国社会学家罗斯也同意这一观点，他指出，暗示与模仿不过是一件事情的起因与后果的两个侧面。所以，我们认为，模仿就是对暗示的回应，两者是一种互动的对应性行为，如果没有暗示，就不会有模仿，也就不会有暗示。模仿和暗示的结果是，大多数人的行动是一致的，这是一种约定俗成的准则，它有助于社会的团结，促进社会的变革和发展。

（三）团体影响法

通过群体对个体的作用，也能有效地改变个体的态度。群体的影响力源于群体的行为规范，这些行为规范对群体成员起着一种无形的约束作用，使得群体成员的言谈举止都符合群体的行为规范。在这样的环境中，当一个人的行为举止与群体的行为规范相一致时，他将被群体所接受、认同、欣赏；反之，他将被排斥。所以，在组织内部，通过建立与之相对应的行为规范，对组织成员的言谈举止进行影响与限制，可以有效地使员工的行为方式发生转变。比如各大论坛，都会以"明文规定"的方式，来解释这个板块的规则，以及违反这个规则的人，将会受到什么样的惩罚。对于论坛的每一个版主来说，他们都有自己的评判准则，从大局出发，他们也会"灵活"把握管理的尺度。触犯规则的，轻则警告，重则禁言、封号。每一个注册的会员，想要发表信息和言论，都要按照规则来。在团体的压力下，会员的态度会有所变化。

三、网络舆论引导的具体方式

网络舆论引导的具体方式是转变态度方法的具体运用，主要有以下四种。

（一）典型报道方式

典型报道是一种理性说服，它的本质是"标准——衡量论证"，也就是寻找典型、形成典型，为所有人提供参照、效仿的标准。德国哲学家康德在对崇高的分析中对典型性进行了阐述，指出典型性具有较高的抽象性、概括性和隐喻性，是"最充分的形象显现"。人们只有通过个体来理解一般，从个体中领悟共性，在理解个体实例的本质和特点的基础上，才能对同一类型的事情达成大致的共识，这也是传媒利用典型报道来引导公众舆论的秘密。在这样的劝说和暗示之下，就有了效仿的可能。美国心理学家班杜拉的模仿理论认为，人类可以通过模仿别人的语言和行为来学习，而不依靠自身的直接实践操作。他高度评价了榜样的力量，指出榜样尤其是受人尊重的榜样，可以起到替代强化的作用。上述理论在网络舆论引导中，主要表现在典型事件、热点人物的报道上。

以"中国十大女杰"任长霞的宣传为例，在各大网络媒体的共同作用下，形成了一股强大的舆论攻势。2004年6月1日，由人民网、新华网、央视国际、中国网、中青网等媒体联合发布的《长风彩霞逝者如诗——记登封市公安局局长任长霞》，正式拉开了帷幕。与此同时，各个主要门户网站建立了相关页面或专栏，为广大群众提供全方位、多角度了解典型事迹的渠道，开通网络学习先进典型的"绿色通道"。《人民日报》相继发表了《百姓心中的丰碑——追记公安局长的楷模任长霞》《任长霞畅谈人生追求》等文章，并在人民网上推出了"人民的好卫士——任长霞"专题讨论。

在互联网上，典型报道的优点是明显的，它既表现出了报道方式、传播方式的多元化，又能让网民即时互动，吸引更多的网民参与进来，这是其获得成功的一个重要因素。通过网民的评论，可以看出，人民群众对榜样的需求，是网络典型报道获得成功的社会心理要素。通过典型报道，网络媒体在舆论上起到了很好的引导作用，同时也给广大人民群众及领导层带来了生动的案例。

（二）深度报道方式

20世纪40年代美国的《哈钦斯报告》对"深度报道"做出了简单而明确的定义："深度报道，是指围绕社会发展的现实问题，把新闻事件呈现在一种可以表现真正意义的脉络中。"可以看出，深度报道是以事实为依据，而非单纯地报道事实，为读者提供对事实的理解，也是一种"逻辑说服"。在信息时代，人们已经不能只掌握表面的、中层的信息了，必须抓住深层的、核心的信息，才能认识到事物的演变规律与发展趋势，通过表面看到实质，从深度和广度上把握社会的脉搏，进而确定自己的行动。深度报道一直是报纸和其他传统媒体的优势，他们经常会向观众提供"言之有物，鞭辟入里"且极具说服力的长篇报道，以实现从更深层次上引导舆论走向正确的方向。

相较于传统媒体，网络媒体在深度报道上其实有着得天独厚的优势。传统媒体的深度、广度比较有限。无论是以文字、图片为主要内容的新闻深度报道，还是以声音为主要内容的广播深度报道，或者是综合文字、视频等各种形式出现的电视深度报道，都存在着无法弥补的严重不足。但是，在互联网上，深度报道却有着不一样的方式，可以通过多媒体技术对一些重要的社会事件进行背景介绍，有分析和解释，有总结和预测。报道方法有很多种，比如邀请专家、学者，让他们在网上对议题进行分析；报道文本也从文本的线形走向了超文本，也就是文本涵盖了文字、声音、图像、动图和视频。在超文本中，每个关键的名字、地点、时间，甚至每个词语、每个句子都可以与其他的声音、图片、动画或电影联系起来。通过这种方式，网络媒介改变了传统媒体深度报道的贫乏，为其注入了新的活力。其中，人民网的"人民视点"、新华网的"新华视点"都是较为突出的网上深度报道方式。

当前，中国的网络媒介在深度报道方面有了新的发展动向。首先，在政治民主化的过程中，调查性的深度报道会得到进一步的发展。"公开透明"这一理念在新闻报道中有必要、也确实得到了很好的贯彻，一系列全方位透视性的调查式深度报道，发挥着稳定人心的重要作用，还起到了动员社会各方面力量的协调作用，推动社会发展、强化城市治理的推进作用。其次，深度报道不像以前一样只是停留在揭露和批判上，还提供很多建设性的探讨与建言。许多深度报道更注重"社情民意"，关注人民群众最关注的问题，比如就业与再就业、住房改革、医疗体制改革、全民健身、环境保护、生态平衡、社区文化建设等。这一新的发展趋势说明，对社会舆论的反应已逐渐成为新闻的重要构成要素，探索性新闻对舆论的引导和稳定起到了越来越重要的作用。

（三）网络新闻评论方式

网络新闻评论既是传统的新闻文体，又是互联网环境下对新闻评论的拓展和创新。由于对媒介的依赖，网络新闻评论相对于传统媒介而言，在文体、风格等方面具有独特性。网络新闻评论负责引导网民对新闻事件的认知，积极参与社会热点话题，同时也是政府与民众之间的桥梁，将党和政府的声音传达给民众。

目前，网上评论方式多种多样。第一种是网络新闻评论，它是对传统媒体评论文章的复制与延伸，通常是由互联网媒体的编辑，针对最近的新闻或变化，在新闻网站开设的评论性专栏中刊登的署名评论。另外，最初的网络新闻评论应当包含对自身的"评论"。这种评论一般都是由专业人士定期组织，定期对网络媒体进行评论，其话题、内容等都要经过网络媒体的审核。评论人常常生活在社会的不同层面，这有利于多角度、全方位地观察社会问题。这种新闻评论方式能使网民从感性转化到理性，具有一定的隐蔽性，符合受众的思想认同，更具有亲和力。正因为如此，它的暗示效果更佳，也会影响其他网友的心态转变。

第二种方式就是网民的留言。网络评论为反映社会舆情、传递社情民意提供了一个开放的平台，网民可以在任何时候在各种社交媒体、网站、短视频平台发表自己的观点和言论，也可以对各种社会事件展开议论，形成自发的、群言式的解读模式。

（四）意见领袖方式

在探讨说服效果的影响因素时，着重指出了信息传播者本身所具有的特性对说服工作产生了很大影响。具体而言，第一，在有关的领域与范畴中，专业人士的身份会让传播者提供的某方面信息更容易被人所接纳，具有更强的说服力。第二，在某些与专业知识无关的议题上，说服力的强弱与社会地位有着密切相关性。第三，传播者本身的性格特征、外貌、言谈举止等越有魅力，越能增强自己的感染力和说服力，进而使别人对自己的态度发生变化。第四，如果传播者本身的身份、职业、背景、态度、观点等方面与被劝说者有较多的相似之处，那么他们之间的共识就会更多，这也会使被劝说者的态度发生变化。第五，若被视为带有私人意图、为一己之私、非公正之士，则不能使人信服，其说服力也就大打折扣。当被说服者感觉到传播者的观点和看法与他（传播者）本身的利益不一致，甚至有冲突时，被说服者很可能会受到传播者的影响，从而使自己的态度发生变化。

通过专家的说服来引导网络舆论，是一种行之有效的方法。这一点很容易让人想起"意见领袖"这个词。拉扎斯菲尔德等人提出的"二级传播"理论与"意见领袖"理论有着紧密的联系，即描述"大众传播—舆论引导—跟随者"组成的沟通流程。研究人员认为，这样的"二级传播"，比起直接的大众传播，效果更好，更具针对性，更能让人信服。这一模型在后续的研究中得以验证与完善。经过深入研究，学者们认为应该对"流"进行分类，将传播内容分为信息流、影响流和感情流，其中意见领袖的角色更多地出现在影响流中。也就是说，意见领袖可以通过影响网民"怎么想"，进而改变网民的态度和行为。

在互联网上，有很多不实的、偏激的言论，让大众不知所措，他们会更加依赖权威的观点。所以，网络上的意见领袖也是一样的。网络上的"意见领袖"多为某一个领域的专业人士或活跃人士。他们活跃于各大互联网平台，通过个人的公开账号发布信息，不断跟进相关领域的信息，形成一定范围的传播力和影响力。这已经成为一股新的力量，对互联网新闻媒介进行着舆论引导。

另外，邀请专家或网络评论员进行评论，并通过"网上专家访谈"进行舆论引导，这些都是"意见领袖"的手段，更能显示出其本身所具备的说服优势。

四、网络舆情治理的主要策略

网络曾经被誉为"三无世界"，无国界、无法律、无管治，出现了一系列的问题。目前，加强网络治理已成为世界各国的共识。如何使网络舆论在法治的框架下有序地进行，使公众的知情权、参与权、表达权、监督权得到充分的保护，以及我国的网络治理在现有体制下究竟还存在着哪些问题，都是值得深入研究的课题。总之，要坚持依法治理、科学治理、高效治理的思路，完善打击网络违法犯罪的有关立法，也是当务之急。

（一）加快立法

维护互联网法治，是维护社会的根本秩序，也是维护人们的基本利益。目前，我国对互联网的治理仍有许多立法空白。但对于谣言治理，现有的法令规章也有可应用之处。比如《中华人民共和国治安管理处罚法》第二十五条规定："有下列行为之一的，处五日以上十日以下拘留，可以并处五百元以下罚款；情节较轻的，处五日以下拘留或者五百元以下罚款。"其中第一条就是"散布谣言，谎报险情、疫情、警情或者以其他方法故意扰乱公共秩序的"。

（二）倡导行业和公民自律

网络从业人员，要在网络发展与管理方面，自觉地遵守我国法律、法规和政策，在此过程中，要充分发扬中华民族的优良文化传统和社会主义精神文明的道德规范，促进网络职业道德建设。要自觉地按照国家关于网络信息服务的管理条例，在网上提供信息服务，要有良好的自我约束能力，要对网上的信息进行准确的处置，要理智地控制网络言论。与此同时，网民要保持一种健康的、理性的态度，不要轻信，要通过正规渠道获得信息，要学会用科学的思考方式。我们要坚定地反对、自觉地抵制谣言，不信谣、不传谣，提高自身的信息素养，要做一个有责任感的网民。

（三）加强网站属地化管理

从 2005 年开始，中央就已经明确提出，互联网的管理要遵循"属地化"原则，并详细地规范了中央和省（自治区、直辖市）两级管理模式，这无疑给互联网管理，特别是网络内容的管理提供了指引。要充分认识到加强网络属地管理的重要意义与迫切性，构建网络管理长效机制，成立专业机构，充实管理人员。在具体实施过程中，应强化域名、IP 地址等基本管理，积极参加国家网站信息数据库的建设，明确责任；要强化网络和信息安全技术平台的建设，提升对网络和信息安全的监管水平，对网络舆论进行治理和引导，提升当地政府的网络治理能力。我们要在平时的工作中总结经验，不断完善管理机制。在此基础上，加强对网络视听节目的监督和管理，加强对网络文化的建设。与此同时，应积极推动网络属地管理工作的规范化、制度化，引导与推动网络的健康、有序发展。

（四）切实打击网络不良信息

根据《网络信息内容生态治理规定》，以下 11 类信息当属违法信息：反对宪法所确定的基本原则的；危害国家安全、泄露国家秘密、颠覆国家政权、破坏国家统一的；损害国家荣誉和利益的；歪曲、丑化、亵渎、否定英雄烈士事迹和精神，以侮辱、诽谤或者其他方式侵害英雄烈士的姓名、肖像、名誉、荣誉的；宣扬恐怖主义、极端主义或者煽动实施恐怖活动、极端主义活动的；煽动民族仇恨、民族歧视，破坏民族团结的；破坏国家宗教政策，宣扬邪教和封建迷信的；散布谣言、扰乱经济秩序和社会秩序的；散布淫秽、色情、赌博、暴力、凶杀、恐怖或者教唆犯罪的；侮辱或者诽谤他人，侵害他人名誉、隐私和其他合法权益的；法律、行政法规禁止的其他内容。

（五）采取必要的舆情管理措施

在应对重大突发事件时，比较有效的措施是分级控制，对网络舆情进行全面的事前、事中和事后控制。网络重大突发舆情的事前把关主要是由网络平台的管理人员对舆论进行人工审核，使用软件对敏感词进行自动过滤等。对网络上的重大突发事件进行事前把关，主要是对消极的、敏感的舆论进行追踪和指导，并在必要的情况下对其进行治理等。对互联网上的重大突发舆论进行事后控制，主要是由公安机关与互联网主管机构进行协调，利用技术手段对 IP 地址进行监控和核实，对违法的信息发布者和传播者予以法律制裁。

第七讲

化解网络舆情的五步工作法

对网络舆情的处置，要掌握好时机和尺度，最大限度地平息负面舆情，推动事件发展，是舆情处置的根本原理和目标追求。要使网络舆情事件的处置有章可循，有条不紊，就必须制定一系列有效的工作程序。本讲将从五个方面来谈谈怎么化解网络舆情。

一、充分把握时机、尺度和效果

网络舆情具有传播速度快、涉及范围广、参与主体多的特征，处理不当，就有可能导致灾难性的后果，甚至酿成更大的舆论危机。为此，我们要把握时机、控制节奏、讲究策略，站在"时度效"的高度，体现"时度效"的要求，力争使"应对"和"处置"取得最大成效。

（一）把握"时"

"时"代表着时间和节奏。准确地把握时间和节奏，是做好网络舆情工作的第一步。在发生了网络舆情之后，只有在互联网上，才能对公众的关注进行及时、准确的把握，并以一种公开、透明的方式做出反应。这样能最大限度地堵住谣言，让舆论的方向得到正确引导，从而让人们有更多的信心，为安全处置舆情创造一个良好的网络舆论环境。

时效决定效率，以快取胜。及时发布权威消息，是应对网络舆论的黄金法则，既可以给到困惑不解的网友们一颗"定心丸"，又可以让造谣者没有造谣的条件和空间。利用现有的网络平台和传播方式，在最短的时间内将权威的消息发布出去，先声夺人，抢占先机，对突发事件中的舆情处置具有重要意义。

2008 年汶川大地震给中国人民带来了巨大伤痛。那时，微博和微信等社交媒体还没有像现在这样深入地影响我们的生活，传统的报纸和电视等新闻媒介仍然占据着主导地位，而互联网的主体是各种网站和论坛。令人意想不到的是，据清华大学传媒研究所发布的《汶川地震救灾报道满意度调研报告》，93% 的受访者对这一事件的报道给予了"非常满意"或"满意"的回答，只有 7% 的受访者说"一般"或者"不清楚"，没有受访者说"不满意"。实际上，有关部门对汶川大地震的消息公开透明程度也是史无前例的。

有学者认为，这次信息公开最重要的一点，就是要让政府在最短的时间内将地震、余震、人员伤亡、财产损失、救灾进展、灾民安置、救灾物资、拨款使用等情况，以最具权威性的资讯发布出来，占据舆论的制高点，不让谣言有可乘之机。

地震后的第二天，也就是 5 月 13 日，《人民日报》以超四成的篇幅报道了地震后的救援情况，14 日和 15 日分别为 60% 和 80%。而央视中国之声等央视新闻频道也进行了全天 24 小时的现场直播，并提供了专题报道。在生命的边缘，与时间赛跑，每时每刻都上演着奇迹，汶川地震救援的每一条新闻，都紧紧抓住了国人的眼球。所以，24 小时不间断报道，既能控制舆论的风向，又能安抚甚至消除大家的焦虑。

那么，什么样的舆情处置反应时间才算得上是争分夺秒？在手机直播的时代，互联网的传播速度大大加快，对于突发事件的消息发布和舆论引导，要做到两个小时之内给出反应。由于突发事件从出现到网络传播扩散，再到形成舆情指向，需要一到两个小时，此时正是应对危机、引导舆论的最好时机。如果错失了这次机会，有偏差的信息、猜想、谣言就会出现，并逐步在网络上传播开来，甚至发展到局势难以扭转。所以，只有将突发事件的信息发布限定在最短时间内，才能抢占新闻传播的重要时机，改变公众对事件的初步印象与判断，从而掌握舆论引导的主动权。

在信息传播日益快捷的今天，人们对舆论反应的时效性提出了更高的要求。从过去的"黄金 24 小时""黄金 4 小时"，到现在的"黄金两小时"，我们可以看出，舆论回应的时间间隔，已经逐渐变成了 24 小时不间断的、滚动的实时报道。但是，除了把握"快"，就来源的权威发布已经无法满足互联网用户的需要，网络舆情事件涉及多个部门和多个渠道，因此，"快而全"的、积极的、实时的、及时的、快速的传播方式应该是未来的发展趋势。

2018 年 9 月 15 日，超级台风"山竹"在菲律宾登陆，16 日在广东登陆，横扫粤、琼、桂、湘、黔等省份，受灾人数近 300 万，5 人死亡，1 人失踪。"山竹"来势凶猛，但各省区在国家统筹调度下，提前准备、有效预防，把各种灾害的损失降到最低。在整个过程中，充分展示了政府不同职能部门高效、完备的信息发布。例如，广东省防雨抗旱指挥部于 9 月 14 日启动了防台风 Ⅱ 级响应；15 日晚 8 时，全省各级政府将防汛预案升级为 Ⅰ 级防风，深圳、广州、中山、江门、阳江等地停工、停业，高速道路封闭，高铁停运，航班取消。为了应对此次灾害，国家减灾委员会和应急管理部在 9 月 17 日紧急启动了国家 Ⅳ 级应急响应。这既是从中央到省市的"预防在先"，也是各部门在应对突发事件时所表现出来的及时防控和有效应对能力。

（二）把握"度"

"度"指的是力度和分寸。舆情处置要根据情况和时机，对舆情的传播范围、话题和热度进行准确研究，恰当地把握好舆论引导的力度和规模，不能夸大其词，也不能语焉不详，引人猜想。什么样的舆论适合在什么样的平台做出反应，什么样的尺度，什么样的受众……哪些舆论应该加强，哪些舆论则需要适度弱化、降热度，都要仔细研究，把握好尺度。

在实际的舆情应对过程中，往往会发生这样的情形：一些原本只是一个小规模的偶发事件，如果持续高密度地回应，就会给人一种非常严重的错觉。有些人情绪很高，需适时引导，但迟迟得不到反应，便会引起怀疑，认为是在掩饰什么；有些舆论才刚冒出来，还在观望，就主动做出了反应，让自己陷入了被动。有些舆论热点，官方与其原本没有直接关系，也非责任主体，应该是"裁判员"的定位，但由于其回应含糊其词，让自身陷入被动的局面，反而造成更大的负面影响，成为"运动员"。显然，要掌握好舆论的"度"是一件非常困难的事情，对人们的思想政治素质、科学判断能力、业务能力都有很高的要求。

在"全民皆有话筒"的移动互联网时代，活跃在互联网上的自媒体对社会热点、负面敏感问题十分重视，其言论罔顾事实、肆意妄为，甚至牟利的现象也屡见不鲜，影响了网络舆情的有效处置。比如，2018年7月长春长生公司的问题疫苗，在网络上引起了轩然大波，《今天对于疫苗造假者，支持判死刑的请投票》之类的网络文章，更是刺激了网民情绪，再加上各种流言蜚语，恐慌、愤怒、质疑、悲伤等负面情绪迅速蔓延。一些媒体缺乏责任意识，在这篇文章下面挑选了一些负面、情绪性的评论"上墙"，加剧了负面情绪。

对于这种煽动舆情的言论，首先应强化自我约束，做真理的维护者与传播者，守护好网络舆论的安全防线；其次，要与互联网平台建立联系，及时对有害信息进行规范，防止错误信息和情绪性对抗影响社会稳定与和谐发展。同时，管理者也要根据舆论的性质与态势，适时地做出相应的应对，有效引导舆论。

（三）把握"效"

"效"就是效果。对于网络舆论的处置，归根结底还是要看结果，看它是否能有效地凝聚共识，迅速平息纠纷，防止事态进一步恶化，推动安全处置。因此，既要掌握舆论的"时"与"度"，又要讲究"效"，才能更好地发挥舆论的导向作用。尤其是对于某些重大突发事件中产生的消极、敏感舆论，引导者要把握好应对的媒介，把握好节奏，把握好分寸，顺势而为，言之有物、言之有理，让网友们喜欢看、愿意听，且令人信服，更好地支持和配合政府部门妥善处置好网络舆情。

要想在网络舆情处置中取得最好的成效，不仅要经过长期的实践和深刻的反思，更需要有一个典型的榜样和引导。2015 年 12 月 20 日深圳人工堆填土垮塌事件中的有效应对和处置，就是一个值得学习和借鉴的成功案例。事发后，网上谣言如雪花，把深圳推到了公众的视线中。一场无硝烟的战争，随着救灾工作的展开，几乎在同时进行。

深圳人工堆填土垮塌事件的舆情响应，以"有利于事故处理"为第一考量准则，在宣传、引导、平台选取等方面都具有参考和借鉴价值。

一是在宣传内容上，打破了以往"一定要提到领导"这一常用文本形式。对于那些与哀伤氛围不符、极易引起怀疑和炒作甚至被视为"丧事如喜事"的主题，不予报道。例如，对于消防队员火线入党，领导在前线指挥救灾等都没有安排任何宣传，而对于社会各界的捐款捐物、献爱心活动，也都只是适当地提及。

二是宽容对待不同意见，突破了盲目吹捧的窠臼。之前的留言都是正面的，很难让网民信服。但是，在深圳的人工堆填土垮塌事件中，对于一些批评、问责、反省的帖子，只要不涉及造谣、恶意攻击，都允许了它们的存在。同时，还用了一些正面的评论来抵消这些负面影响。诸如：要把人民放在第一位，要冷静地思考，要理性地看待，不要盲目猜测，不要妄加评论，让网友们为救援队伍鼓劲，为失联者祈祷。另外，当政府公布重要消息时，也要巧妙地让大 V 们声援呼应，让网友们相互印证，提升政府的可信度。

三是在表现形式上，打破了传统新闻站点的固有形象；以"两微一端"为代表的新媒体平台，不断地进行内容表现与宣传方法的革新，以达到最大的宣传效应。例如，组织网络媒体对《灾害降临，记录一座城市的表情》等多个媒体的新闻稿件进行二次加工，制作出适合于移动端的以"这座城，这些人"为主题的 H5 动画纪录片，再现了救灾时的感人场景，展现了众志成城、守望相助的大爱精神。

这三方面的主要做法及其所达到的良好结果都说明，正确地设定主题、正确地选择传播渠道、讲究表达技巧，是提升舆论引导成效的关键。

舆论引导也要注意语言的表述，要充分利用网民惯用的、能反映网民心态的话语。由于许多网络语言都有通俗生动、诙谐有趣、创新性强、简洁简练等特点，从线上风靡到了线下，在实际生活中得到了大量应用，成了大众喜闻乐见的一种语言景观。尤其是那些比较固定的网络流行语，其中所蕴含的信息和符号、想法和内涵已经得到了大多数网友的认同。如果能够将它们运用在舆论引导中，可以使观众在短时间内形成认知上的默契和感情上的共鸣，从而更好地消除疑虑、凝聚共识、安抚人心。

综上所述，"时度效"是网络舆论引导的三项根本原则，不可分割，互为补充。时，就是要解决舆论的快速响应问题，把握好时机，把握好节奏，做到"早"且"快"，更好地回应舆论；度，就是处置好舆情的传播途径和方法，只有做到精细控制、精准定位，才能达到预期的舆论引导效果；效，就是要解决舆论的有效性和影响力，而回应舆论，就是要消除公众的疑虑，凝聚社会的共识。这三个方面，"时"是最重要的，是指挥能力，也是效率。"时"和"度"如何掌握，要从效果的角度来衡量；而时间效应在实现时，还应考虑到程度的影响。因此，要从全局出发，把握好"时度效"，把这三个方面有机结合在一起，做到适时、适度、有效，才能最大限度地保障舆情的可靠处置。

二、及时做好民众的心理疏导

在网络舆情的产生、发展和应对过程中，公众的心理状态具有举足轻重的作用，特别是涉及的关键群体和敏感群体的过度心理情感是否能够得到及时、有效的疏导，将直接关系到舆论走向与社会稳定。但是，在应对重大危机事件的过程中，政府部门往往忽略了民众的质疑、逆反心理以及焦虑、恐慌的情绪，忽略了民众在焦虑和恐慌中更容易轻信谣言、夸大事实、片面归因等心理特点，从而极大地降低了新闻发布与舆论引导的实效。所以，要做好网上舆情的处置，就应该把重点放在舆论引导与干预上。在标本兼治的基础上，可以从以下四个方面进行努力。

（一）尊重网民心理规律，及时纠正失误偏差

在网络、微博、微信、抖音、小红书等社会化媒体上，不管是宣泄心理、从众心理、看客心理，还是其他一些不健康的心态，在对其进行疏导和干预的过程中，必须尊重大众的心理特征和规律，以宽容和务实的态度来对待他们的种种行为和需要。对于一些网民出现的恐慌、妄想、愤怒等情绪，政府相关部门和社区服务机构也要放低姿态，宽容对待，与他们进行心平气和、耐心细致且平等的沟通，弄清楚造成这种不良心理的主观、客观、社会环境等方面的原因，以便有针对性地疏导他们的消极情绪。亚伯拉罕·马斯洛是美国著名的社会心理学家，他曾说："只有在一定的条件下，人性才表现为善。在恶劣的环境条件下，人们更容易表现出心理病态和丑恶行为。"虽然这种看法失之偏颇，但是，它也提醒相关部门和组织，在对大众进行非常规条件下的心理引导或干预的过程中，要从改变或者改进引发大众心理的环境和社会背景出发，不仅要处置好引发民众消极情绪的舆情事件，还要挖掘引发这些问题的"病灶"。

比如2020年初开始的抗击新冠疫情的"战役"，就是一场心理战。面对这场中华人民共和国成立以来最迅速、最广泛、最难以防控的重大突发公共卫生事件，民众出现了一定程度上的担心、焦虑、不安、恐慌等情绪。一旦出现了过激的情感反应，就有可能成为一种社会心理问题，对传染病的预防和控制不利。这就要求对民众进行及时、有效的心理疏导，以避免社会的无序与骚乱酿成更大的社会问题。

比如面对危及公共卫生安全的重大事件，民众容易产生恐惧和怀疑的情绪，政府相关部门作为心理疏导的一方，要在特殊时期，充分考虑到民众的

心理需要，从解决实际问题出发，减轻民众的过激情绪。一旦出现了网络舆情，如果政府能够及时做出反应，勇敢修正错误和偏差，那么网民就会丧失继续关注下去的心理动力，在理解与认同中让舆情平息。

在对网民进行心理疏导的过程中，要掌握网民参与的心理学规律，顺应民意变化，因势制宜，给网民提供一个合适的心理"泄洪区"，让他们宣泄掉在现实生活中积压的情绪，而不是单单诉诸封锁、删帖，让舆论形成一座"堰塞湖"。这需要疏导者换位思考，充分认识大众不同的心理特征与情感表达，做到"以人为本"。从事件参与人的角度出发，充分了解事件本身，关心和帮助当事人，这既能使事情朝有利于调解的方向发展，又与建设和谐社会的精神相一致。在此过程中，充分发挥主流媒体在信息、情感沟通等方面的作用尤其重要。新冠疫情防控期间，人民日报社、新华社、央视三家央媒聚焦社交场景，利用互联网新技术新应用，策划推出表情包、微视频和融合新闻等一批有创意、接地气且适合移动传播的社交互动产品，让广大公众在情感传递和意见表达中不断疏解负面情绪。"直播伴随"技术在突发事件中的应用，让公众从"静态观看"向"动态参与"转变，顺应了民众的心理期望和表达愿望。同时，央视网也建立了"抗击疫情第一线"的心理疏导平台，并在人民网的"人民好医生"客户端上开通了一条心理援助热线，为广大群众提供心理咨询和专业帮助。各大媒体相继开设了关于疫情的互动留言版块，并和"直播伴随"这样的栏目共同构建了一个"想象社区"。

在疫情防控期间，人们因受疫情影响有诸多不便而难以释放的社会欲求与被压抑的情感，通过网络的资讯平台与互动空间得以宣泄。

（二）因人因事对症下药，增强心理疏导实效

对民众的心理疏导，应因人因事，分类别、分阶段，分步实施，抓住关键，对症下药，取得实效。

2020 年初的新冠疫情中，不同人群的心理反应各不相同，已感染人群、易感染人群和一般民众的心态存在差异，医护人员、执法人员、社区服务人员等抗击疫情人群在心理上也存在着差异。对此，应区分不同情况，对已感染者、易感染者及医务人员、社区工作人员等进行有针对性的心理咨询。尤其是对确诊患者、隔离人员、患者家属等高焦虑、高恐惧的人群，要进行及时、有效的心理疏导，避免他们因为无法宣泄负面情绪而产生极端行为。

在处置网络舆情时，还应分阶段、分目标地实施心理疏导与干预。在事件发生的早期，宜进行心理疏导和干预，抓住一个切入口，尽可能地满足涉事者的合理要求，让他们能够安心地解决顾虑，减轻负面情绪，事情处置得越早越好，以免事态进一步恶化。舆论引导在舆情事件处置中扮演着重要角色，尤其要重视对意见领袖进行引导以达到感化、疏通大众心理的目标。当所有的手段都无效，舆论发展形势即将失去控制的时候，相关部门可以考虑运用行政和法律的手段，对发布违法信息者进行制裁和惩罚，以达到警示作用。这种方法是一把双刃剑，要确保基于事实合法合理地妥善处理。另外，对于舆情事件中的参与人和旁观者，在干预方面，也要基于具体情况具体分析，区别对待，各有侧重，采取不同的战略与方法。

在网络舆情事件中，人们的心理预期与心理暗示是两种主要的影响因素。所以，在对大众实施心理引导的过程中，这两者的重要性是不容忽视的。相关政府部门和心理咨询机构可以采取"主动揭盖""自揭伤疤"等手段来改变人们的心理期望，也可以采取一些有益的心理暗示来引导大众。比如湖北红十字会在新冠疫情早期，一些捐赠物资的发放不够及时、不够到位，导致有网民批评"红十字会等政府组织有腐败现象，不能获得社会信任"。针对这一问题，相关政府部门立即做出反应，通过对相关人员的问责，要求各地红十字会公开捐助款物的收支状况，有效消除红十字会在舆情中产生的不良形象，及时消除民众对湖北红十字会的不信任，有效回应质疑与批评，扭转了舆论向坏的方向发展的趋势。

（三）做好事后心理干预，消除民众心理阴影

公共安全类网络舆情在平息之后，也会对人们的心理造成持久影响。相关政府部门应对事件发生后的社会公众特别是涉及的关键群体做好心理疏导工作。习近平总书记 2020 年 3 月 3 日在同有关部门负责同志和专家学者就疫情防控科研攻关工作座谈时强调："病人心理康复需要一个过程，很多隔离在家的群众时间长了会产生这样那样的心理问题，病亡者家属也需要心理疏导。这个问题解决不好，会带来社会稳定隐患。要高度重视他们的心理健康，动员各方面力量全面加强心理疏导工作。"

网民在网络舆情事件中所呈现的一些心理特点，大多来自其在实际生活中所形成的，或者说是一种天生的、具有普遍意义的心理。比如普通民众在遇到 SARS、新冠疫情等恶性传染病的时候，就像经历过地震、海啸等重大自然灾害的人们会产生恐惧情绪。有学者认为，这种恐惧心理是刻在人类基因中的。在原始社会，正是对外部环境的适度的恐惧，使人类时刻保持警醒，才能在残酷的自然环境中得以生存下来。可以看到，恐惧在一定程度上是具有心理基础的。再比如，在网络舆论发展的进程中，很多人对网络上的流言信以为真，政府官员也参与转发和评论，这也是人类长久以来的从众心理。因此，政府相关部门要及时地、全面地将消息公布出来，对流言进行快速的、有效的澄清，并进行必要的心理疏导，以减轻民众的心理压力，消除社会上的不安情绪。在重大公共安全事件平息之后，相关政府部门应该积极配合心理服务机构、新闻媒体、公益组织等，共同进行全民心理疏导，减轻舆情事件给民众带来的心理创伤，特别是要消除社会恐慌和地区歧视，使民众能够更快地适应疫情之后的工作和生活。这样的事后心理干预，能提高民众的心理"免疫力"，使民众在面对类似的公共危机时，能更从容、更有信心地做出反应。

（四）加强社会心理服务，培育公众健康心态

构建良好的社会心理状态，有助于提高民众在应对重大公共事件中网络舆论危机时的心理承受力，促进其快速地、有效地形成舆论合力。新冠疫情不仅极大地影响了人民的生活、工作，而且对人民的精神产生了极大的冲击。针对这一情况，全国各地都采取了积极措施，建立了心理疏导志愿者队伍，印发了心理疏导手册，加强了各种媒体的科普宣传，免费提供心理辅导，对公众的紧张、焦虑、恐慌等心理问题进行了及时疏导。但是，这一应对突发事件所必需的措施，对于整个社会治理模式来说，却只是权宜之计，治标不治本。

"正心为治国之道。"要从根本上解决"正心"问题。具体而言，可以从健全社会心理服务管理模式、完善社会心理志愿服务体系、加强社会心理宣传与引导能力、建立社会心理咨询与指导机构等方面着手，加强社会心理风险预警和应急处置机制，提升社会心理危机干预与疏导能力。总而言之，就是要通过文化、社会、法律等方式，对社会的心理建设进行持续的强化和改进，对个人、团体和社会的情感和行为进行积极的引导，形成自尊自信、理性平和、积极进取的社会精神。

三、明确岗位职能，各自履职担责

当前，对于网络舆情的管理，地方政府仍然是执行主体。各地设立的网络新闻办公室，担负着许多网络舆情的处置工作。但是，我们应该清醒地认识到，目前我国的网络舆情治理还存在着体制不完善、权责不清等问题，并且在各种企事业单位和社会组织中也有不同程度的存在。通过对管理组织进行必要的制度建设、岗位设置和人员配置等方面的完善，使网络舆情应对工作达到常态化、规范化和精细化。要实现这一目标，必须先解决三个问题。

（一）避免多头管理现象

网信办是目前各级党委对网络舆情监督的一个重要机构，在它的协调和支持下，许多潜在的重大公共危机都被较好地解决。但是，在基层政府机关和企事业单位中，网络舆情管理组织也不健全，因此，很多部门和单位在处置突发网络舆情的时候会产生一些问题，比如话题偏离主题，回复随意，产生次生舆情灾害等。

一些部门在应对舆情时会出现多头管理的情况，同时，由于各部门的思想和意图有一定的偏差，而且缺少统一的协调和联动，就很难保证网络信息的发布和管理的安全性。更糟糕的是，当人们在处置网上舆情的时候，常常无法找到相关的权威机构，而其他职能部门没有发挥应有的作用，最终发展成一个难以解决的重大舆情，严重影响到社会的和谐与稳定。只有避免多头管理的混乱局面，才能在突发公共事件中避免"无人可管""无人爱管"的窘境。各个单位都要有一套舆情管理的机制和预案，制定相应的规章制度，对负责人、管理者和信息公布的过程进行细化，做出规定。这样，在处置突发舆情的时候，有关的责任方就有章可循，可以有条不紊，做出有效处置。

（二）避免流程空泛现象

"无规矩不成方圆。"相关部门应提出一套具有明确程序、操作性强的舆情响应工作程序，并在此基础上提出相应的对策建议。诸如：采用何种方式搜集网络舆论，是使用单个监测平台，还是使用手机、PC、平板等进行协作搜集；舆情信息应该采用什么样的格式进行分析和汇报，是采用单个的文本表达方式，还是通过大数据软件集成图形化、直观化的方式；舆论反应的审查程序是如何设定的，是由专门的人来做，还是成立一个多人讨论小组来决定……所有这些，都要结合本身的需要和实际的客观条件进行认真分析，并制定出流程，在实践中进行不断的调整和改进，让网络舆情的处置更加规范。

（三）避免职能模糊现象

专业的人做专业的事，网络舆情处置要由专门的人员来执行。由于这是一项非常复杂、非常敏感的工作，它涉及社会、政治、思想等方面的安全，具有很强的政治性、政策性和专业性，因此，有必要从系统内部和外部选拔出一批优秀的专业人员来从事这项工作，这就需要打造一支网络舆情处置的专业队伍。

但是，在现实生活中，就算是专门设立舆情工作部，由于人员数量有限、费用低等原因，也经常出现人员不足、一人兼任多个职务的情况。每个人都有自身的专长，同时也存在个体的局限性，且一个人的时间和精力是有限的，过多承担分属不同领域的多岗位工作，很可能会因为分工不清或力量不足而导致工作中出现失误或低效。因此，有必要按照员工的个人能力和特长来划分工作岗位，需要专门的力量负责跟踪网络舆情的动向，或者是专业地对舆情事件的性质进行分析，或者是专业的采编和发布，将舆情处置作为一门专业的工作来对待。

四、做好事前准备，制订应急预案

网络舆情一旦发生，坐视不理不会让舆情自动消失，反而容易导致更大范围或更大规模的负面影响。当前，随着网络舆情日趋复杂多变，许多部门都感到难以应付，尽管"关口前移、预判"已成了人们的普遍认识，但现实生活中，更多的是决策者在事后采取的消极应对方式。比如2017年，广州医生谭秦东对鸿茅药酒的功效提出疑问，其厂家所在地内蒙古凉城县警方和检察院等多个部门都是在国家有关部门发表声明后才采取了应对措施，但在舆论最关注的时候集体失声，没有及时做出回应，以至深陷舆论的旋涡之中。"凡事预则立，不预则废。"在平时的工作中，我们经过了大量的测试和总结，建立了几种针对不同类型网络舆情事件的应急处置方案，为的就是能够在突发情况下，迅速地做出反应。

（一）主动监测舆情的最新动态

要做到实时地对网络舆情进行监控和搜集，才能使其在短时间内得到及时的回应。比如，下班高峰期，各大媒体和 App 都会将最新的消息发布出去，很多还在酝酿中的舆论，在网友们的转发和评论下，很快就会传遍网络。而在午夜十二点，正是网络监控较为放松的时候，一些别有用心的组织或者是想要蹭热度的媒体，都会在这个时候发布一些不合法的、不健康的信息。在网络舆论活跃、频发的时期，监控部门要积极增强防范力度，及时处置突发事件。

为更好地引导舆论，我们需要选出一批人气高、活跃度高的平台和自媒体，建立一个重点目标监控表，不断更新其名单，避免网络舆论在这些活跃的平台上快速传播。在此基础上，建立快报、日报、周报、月报四种不同的舆情信息搜集形式，及时上报，进行分析判断，并提出相应对策。

（二）多套应急预案的实操应用

应急预案是舆情处置的基础工作准则，然而，由于还没有遭遇过重大舆情，许多部门和单位都没有给予足够的关注，造成了内容简单、部署不明确、实操性不强，难以在突发舆情中起到有效的引导作用。我们要从提高实际操作能力的角度，制订具体的、切实可行的应急预案。

我们可以对监控指标体系中的预警进行分类，根据事件的性质、严重性、可控性、影响范围等，将网络舆情事件划分为特别重大、重大、较大和一般四个级别。相应地，我们也要做好应对突发事件的准备，按照事件的性质，可以分为政治事件、民生事件和社会事件。这些方案要经过反复的实验，才能保证其有效性和安全性。

当然，面对网络舆情应对的情况也是千变万化的，照搬照抄难免刻板，需要在长时间的工作经验和大数据分析的基础上，针对单个或特定的网络舆情事件，设计出更加有效的应对方案。就算是同一种类型的网络舆情，也应该区分对待，不能一概而论。比如明星出轨、明星逃税等，都是网络上的热门话题，但前者属于隐私，属于泛娱乐性质；后者涉及税收这一重要方面，它是一种公共性的法律制度，它与人们的利益紧密相连。两者相比，前者更能在快速控制网上不良信息的情况下，及时进行舆论引导，防止其偏离正道。

我们也要密切关注事态的发展，根据舆情的不同发展时期，及时调整应对的目标、方向和方式，不要只盯着已经过去的网络舆情，却忽视了处于增长时期的舆论。有些网络舆论涉及社会各个方面，涉及政府部门、社会团体和个人。我们可以结合有关方面的力量，根据"时度效"的处置原则，协同应对复杂、敏感的网络舆情。

五、加强队伍建设，保持政治定力

要建设一支政治过硬、业务精、作风好、能打胜仗的高素质专业化队伍，才能做好网络舆情的处置工作。网络舆论环境是复杂的，事关民生问题，也涉及国家大事。要想稳妥地应对复杂严峻的、瞬息万变的网络舆情，作为一名舆情管理者，必须增强自己的网络媒体素质和舆论风险意识。在政治上，要坚定理想信念，要有理性的思考，不轻视网络舆情，也不要被网上的流言蜚语所迷惑，要用政治智慧和过硬的专业技能来妥善应对网络舆情。

（一）杜绝情绪化与过度沉默现象

纵观过去的网络舆情事件，一些地方政府和社会组织的行政人员因媒介素养不高而不能对网络舆情做出有效应对，甚至还会因为随意回应而成为引发舆情的导火索。这种现象具体体现在三个方面。

一是由于官方微博编辑在回复时情绪激动，致使舆情扩大升级。比如，2017年2月25日，国家旅游局对包括丽江古城在内的三家AAAAA景区进行了严厉的警告，责令其在半年之内进行整改。25 日 16 点 54 分，丽江古城区委宣传部的微博"@古宣发布"发布了国家旅游局要求限期整改，接受舆论监督的消息。很快，就出现了一条网民批评。根据网友的截图，"@古宣发布"的回复是："你最好永远别来！有你不多无你不少！"这种与网民互撑的回复方式，立刻引起了网民们的强烈不满。

二是一些官方微博账号"公器私用"，把官方平台当成了个人表达的地方，随心所欲地发表自己的看法，在网络上引起了轩然大波。比如，2018 年初，湖南永州市文明办工作人员周某，未经有关部门同意，就私自在该部门微博账号为明星"打 call"，引起了网民质疑。

三是部分新媒体平台经营者处于"过度沉默"状态，没有充分发挥其在信息发布、舆论引导等方面的主动功能，引发了网友们的批评与质疑。作为一个公开消息的平台，经过认证的微博、抖音等官方账号必须有足够的耐心和活力，不能让自己的微博变成"僵尸号"，也不能不回应社会的关注。须知，在意见分歧很大的互联网平台上，不能"沉默是金"，要以及时、准确、公开、透明的权威资讯来回应。具有积极的、理性的、平和的心态，是应具备的新媒介素养。

（二）坚守程序正义，坚定理想信念

个别编辑的情绪表现和不作为，反映了舆情应对环节中存在的两大不足：一是缺乏审核把关程序，二是采编人员的政治敏感度不高。针对一些地方政府部门的网络发布平台频频出现不当言论、不当操作，作为平台的管理者和发布者，很难逃避责任。因为用人不当，审核不严，才造成了编辑人员纪律涣散、执行不力、失误连连。

官方新媒体账号的所言所行是职务行为，不能成为个人的表达平台。要做到这一点，就必须坚持程序公正，依法依章办事，并建立多层次的审查程序。当前，大部分的机构和媒体都已经建立起"三关"，即编辑自身把关、部门领导把关、分管领导把关，这三个环节都有一定的借鉴意义。实践证明，只有各级领导干部初审复审，慎重斟酌，方能保证表述的尺度适宜，用语恰当。网络舆论应对具有强烈的政治色彩，有关单位和部门，作为管理者和应对方，都要有政治意识和全局意识，认真对待平时的训练和指导，提高自身的政治敏感度，更好地在舆情响应小组中起到组织协调和信息发布的把关作用。

总而言之，管理人员要增强自己的理想信念，加强新媒介学习，提高自己的处置技巧，在应对突发事件的时候，能够做到及时、准确、科学、有效地发声。要在新媒体的引导与控制上下功夫，加大专业人员的培训力度，完善工作体系、宣传渠道，不断提升网络舆论的影响力和公信力。

政务新变：网络问政时代的到来

互联网诞生于 1969 年的美国，也被称为因特网，它是一个全球网络，也是一个公共资讯的传播媒介。网络从其诞生到兴盛，给人类社会带来了极大影响。随着移动互联网、云计算、物联网、智慧城市、新一代互联网等新兴技术的应用，互联网进入了一个百花齐放但同时也是一个混乱而复杂的过渡时期。因为网络，人类的发展速度更快了；与此同时，随着人类社会的发展，网络也在发生着变化。云计算的虚拟化、自动化、大数据、混合云计算、多中心集成等使得 IT 系统更高效、更灵活、更开放。互联网使人们的生活更加丰富多彩，但同时也对社会治理提出了新的、空前的挑战。网络已经成为人们获取信息的中心，也成为公众意见的放大器，它的社会影响日益扩大，这是一个不容忽视的事实。因此，充分认识到互联网在社会治理中的重要性，建设好、利用好、管理好互联网，是世界上所有国家和地区都非常关心的问题，这也是我们党执政兴国的一项战略性资源。

一、什么是网络社会

"网络社会"这一术语最早出现于荷兰社会学家狄杰克的《网络社会》一书，他对"网络社会"的概念进行了比较深入的分析，但带有很强的主观性。随后，美国社会学家曼纽尔·卡斯特在其《网络社会的崛起》一书中对现代社会进行了大量描述。他指出："网络建构了我们的新社会形态，而网络化逻辑的扩散实质性地改变了生产、经验、权力与文化过程中的操作和结果。"

自卡斯特之后，国内和国际上关于网络社会的研究已有不少。然而，纵观关于网络社会的诸多文献，多数学者对网络社会的引证都是"不证自明"的，并把其视为所关心问题的语境或社会背景。也有一些学者试图给网络社会下一个定义。这种定义较为模糊,有的颇具争议。

我们认为,网络社会是指在以互联网为核心的信息技术影响下,以互联网为中心的社会群体,通过网络连接而构成的各类社会关系的总和。首先,它是真实社会的反映,是一种世界性交往的社会结构。其次,充分利用以互联网为中心的信息网,使之成为人与人之间的交流和实践活动的场所。最后,在互联网和信息技术的支持下,一种全新的社会关系得以形成,其与传统的社会关系有很大不同,人类的社会生活也进入了一个全新时期。

(一)新型的社会关系

究其实质,网络社会就是人与人的一种新型社会关系。马克思曾经说过:"社会——不管其形式如何——究竟是什么呢?是人们交互作用的产物。"互联网社会以网民为主体,尽管以"人—机—人"的形式出现,但其实质依然是一种"人—人"的关系,没有网民这一行为主体,就不可能有真正的互联网社会。德国的社会学家乔治·齐美尔说:"当人们之间的交往达到足够的频率和密度,以至于人们能够相互影响并组成较为固定的群体时,社会便产生和存在了。"网络社会就是这样一个概念,它是人们通过网络"在线"沟通,由此产生的一种新的社会关系。

(二)网络社会是现实社会的拓展

从历史上讲,网络社会是真实社会的扩展,也是现实社会的一种延伸。网络社会的发展大致可分为童蒙、成长和成熟三个阶段。20世纪90年代初期,互联网从军事领域、学术交流领域逐步进入商业与民用领域,成为现代社会的重要组成部分。在经历了30余年的发展演变之后,网络社会已从"田园牧歌式"的童蒙时代,进入了错综复杂、变幻莫测的"青年烦恼期",网络犯罪、网络色情、网络暴力等问题层出不穷。目前,我国互联网上存在着严重的网络秩序不健全、法律法规不健全、网站"把关人"作用缺失、网民的自我约束意识不强等问题。我们应当注意到,互联网对人类的影响比我们预想的要更为深远和广泛。相较于人类社会的悠久历史来说，互联网社会的发展历史还很短。在移动互联网、物联网等技术的推动下，社会信息化和网络化越来越深入，数字化生存也在不断地向前推进，这让互联网的发展变得难以预知。

（三）网络社会是网络化的现实社会

网络社会具有两个维度：一是虚拟，二是现实。虚拟社会侧重于"虚拟"，而网络社会则侧重于"现实"。虚拟指的是虚拟人在网上的存在，比如美国的虚拟游戏《第二人生》（*Second Life*），就是一种可以让人参与的虚拟生活。现实性表现在网络基础设施是真的，网络成员是真的，网络意见、情感和社会关系都是真的，在线社群也是真的，也就是说，是一个网络的真实社会。过度强调虚拟，就会造成错误的认识，将网络社会看作一个独立的、虚拟的社会，一个拥有充分的信息和表达自由的社会，网络虚拟的社会不再受到现实社会的法律和规则的束缚，人们可以随心所欲地"完全解放"，让真实社会所需要的社会规范在互联网上被遗弃。事实上，在互联网上，真实社会需要的文明是存在的。网络社会强调现实，即可管、应管和要管。由虚拟社会向网络社会转变，不仅是观念上的转变，更是一种现实认知的升华。这标志着网络社会由"不真实、不需要管理、不能管理"转向网络社会是"真实存在，应当管、能够管、必须管"的重要转变。

二、网络社会有哪些特征

互联网的发展表明，网络对人们的学习、工作、生活乃至整个社会的发展都产生了巨大影响。它与真实社会有着千丝万缕的联系。

（一）数字化

随着计算机、通信、信息化等技术的快速发展，人类的生活、工作、学习、娱乐等都发生着翻天覆地的变化，特别是移动互联网的出现，更是给人类社会带来了极大变革。网络社会数字化包括社会信息化、设备数字化和通信网络化。

1. 社会信息化

人类社会经过五千多年的农耕时代、三百多年的工业时代，如今已步入信息时代。在这个时代，专业知识、判断力及高效的信息是重要的财富创造要素。

在信息时代，人们把大量的资源投入电子信息设备的研发和制造。在社会生产、服务、管理以及生活的各个领域，对各类信息资源进行开发和使用，从而持续地推动社会发展，提升人们的生活品质。

社会信息化的最终目标是让所有人都能共享信息，而实现这一目标的前提是掌握获取信息、理解信息、运用信息的方式与技巧。能否充分运用各式各样的资讯、工具和设备，已成为能否在现代社会取得竞争优势的一项重要技能。

2. 设备数字化

在实施社会信息化的过程中，设备数字化是一种基本的技术手段，通过二进制编码将各种媒介，包括文字、数据、声音、图形、图像等进行数字化的表示、存储、传输和处置。各种眼花缭乱的数字化设备充斥着生活的每一个角落，办公设备、工厂机器设备、交通工具、家电等都已实现数字化。

3. 通信网络化

人类不断地建立起不同类型的网络，比如交通网络是用来输送物资和装备的，能量网络则是利用电网和供热管网来实现能量的传输。如今，电信网络、计算机网络、广播网络，以及用于传输信息的互联网都已经陆续建立起来了。各种信息科技装置的互联也成为一种不可避免的趋势，而物联网更是被普遍采用，对社会、经济发展起到了巨大的推动作用，对全球科学技术的发展也产生了巨大的影响并改变了人类社会的结构。

通信网络化是社会信息化建设的重要组成部分。互联网使我们能够打破时空的束缚，将全世界连接起来。通过这种方式，我们可以构建出一个信息空间。

（二）开放性

网络社会的开放性主要表现为互联网使每一个人、每一个机构理论上都拥有平等的话语权，实现了信息的自由流通。开放式网络具有非中心化的架构，自由、平等的互动模式，还可以跨越时间和空间的局限。在开放的互联网社会中，人人享有"话语权"，人人都可以发布自己的信息和意见，这给主流文化中的舆论引导带来了新的难题。

互联网的非中心化特性和超越时空的组织形式，是互联网社会具有开放性的根本原因。网络行为具有的虚拟性和匿名性，使得在现实中难以对其进行有效的管理。同时，由于相关法律法规尚未完善，信息网络可能会出现"无法可依"的问题。对于报纸、广播、电视等媒体来说，政府有关部门能够有效地控制媒体所有人，并根据法律法规对其进行管理，实现信息的正常流通，从而实现对公众舆论的有效引导。但在互联网时代，这样的引导力和掌控力却非常弱。因此，如何顺应信息网络的开放性，探索利用网络媒体来合理、恰当地调控信息流，是我们当前必须面对的新问题。

信息网络的开放性，还有助于多种文化思想的相互碰撞，以激发社会的创造力，从而促进经济的迅速发展。对于促进人们的竞争意识、效率意识、民主法治意识和开拓创新意识，以及融合社会主流文化，网络营造了一个新的信息环境。

（三）互动性

网络社会的互动性，指的是基于共同兴趣、共同信念，经由网络这个中介将人们连接或组织在一起，在网络上产生并可以扩展到实际生活中，相互交换信息和观点的属性。

信息网络与传统媒体最大的区别在于，它为大众提供了一个崭新的互动沟通平台，将人与人的互动沟通推上了新的台阶，提高了人们的生活品质。目前，各类在线社交媒体已经成为网络舆情的源头与集散地，是公众意见表达与舆情生成的重要平台。人们会在某一具体问题上形成相对统一的观点，这在很大程度上推动公众舆论的形成，甚至对公共政策的发展方向产生影响。

（四）自由性

1. 新闻的自由性

新闻的自由性，是指国家根据宪法和有关法规，对公民的言论、结社、新闻出版等进行保护。在传统媒体时代，由民众自发形成的公众舆论力量显得相对弱势。而在互联网社会中，因为网络能够及时传播大量信息，所以它能够快速、及时、丰富、密集地传播，从而形成一股强大的舆论力量。互联网的普及为信息传播者与接收者的交流创造了更多便利条件，为人们创造了一个开放、自由、平等的交流平台。

2. 言论的自由性

互联网为言论的自由表达创造了广阔的实践空间，对人的自主性的提高及个体意见和个体表达的传播和显现都具有重要的意义。由于网络的开放性、交互性和便捷性，网络可以更好地实现言论自由。网络舆情因其参与主体众多、影响范围广，给决策者带来较大压力，促使其处置方式走向公开化、透明化和公正化。因此，网络舆情就像是聚光灯，越是明亮的地方，人们的想法就会越多，越有可能展示出更多真相，让事情变得更加公开和透明。此外，网络的匿名性也为网民们提供了一个隐蔽的平台，人们可以大胆地在网络上发表自己的观点，少有顾忌自己的不当言论可能带来的不良影响。

3. 行为的自由性

在互联网社会，网络不仅是最基础的信息载体，更是大众广泛使用的工具，并已快速发展为一种有效的表达民众意志的平台。相比于其他渠道，网络在技术和结构上都有着独特的优点，那就是便捷、快速，信息的传输是即时的，能够在最短的时间内被最大限度地传播开来，引起人们广泛的注意。在互联网上，人们的行为自由还体现在互联网能够推动公共资源的分享。互联网将各种思想聚集在一起，网民们的立场和观点变得越来越多样化，与此同时他们之间的思想冲突也越来越激烈，成了一种缓解情绪、表达关切、发挥影响力的叠加体。目前，互联网的"真实性"和"群体性"效应正在从网络虚拟空间传播到现实世界，对人类社会发展的影响日益显著。这有力地促进了政府职能转变，进一步推进实现政务公开。

三、网络是重要的执政资源

在当今社会，互联网已逐渐渗入人们的政治生活和经济生活，更多的人利用互联网发表自己的观点、要求，互联网已成为社会舆论的集散地、风向标。可以说，网络舆论已成为改变党政干部工作作风，改进工作方式的重要因素，也是人民群众行使知情权、监督权和权益保护权的主要手段。我们要主动地适应互联网的快速发展，进一步熟悉、利用和驾驭互联网，将互联网作为了解民意的重要途径，在对网络舆论进行研判的过程中，掌握群众的真实想法和愿望，并自觉地接受监督，积极改善自己的工作。

利用互联网平台，可以对各级党委、政府的决策部署进行广泛深入的宣传，进一步统一思想，营造氛围，凝聚力量，推动发展；它可以帮助我们更好地解决问题，提高决策的科学性和民主性；还有利于我们了解民意，对政府工作的不足进行监督，把重点放在解决大家都关注的问题上，放在人民群众反映比较严重的一些不正之风上，真正保障社会的和谐和稳定。

网络舆论作为一种新的沟通渠道，加强了党、政府与人民群众之间的联系，产生了亲切的对话。一方面，它是了解民情、民意的一个重要渠道，能够及时地掌握、引导和处理民意，表达了公众对政府机构的意见和需求。另一方面，网络舆论也是政府部门与民众保持密切联系、实现沟通的桥梁。只有频繁、深入、细致地调查研究网络民意和网络问政的反馈情况，才能了解到民众的思想动态，才能以民意的变化为第一信号，以群众的意愿为第一标准，才能得到群众的大力支持，更好地发挥行政功能。只有设身处地地为群众着想，为群众排忧解难，时时处处察民情、解民意、听民声、解民忧，才能赢得最广大民众的拥护与支持，才能在执政中游刃有余、事半功倍，真正做到"加强舆论监督，捍卫公平正义"。

四、网络问政是推动政治建设的重要方式

目前，网络问政已成为媒体报道和街谈巷议的热点。网络问政是指政府利用互联网进行宣传和决策，了解民情，汇集民智，实现取之于民，用之于民，以此来进行科学和民主的决策，真正实现全心全意为人民服务的宗旨。要推动我国的政治建设，增强对互联网的驾驭能力，就必须熟练、深入地开展网络问政。

互联网作为一种新型的传播工具和传播方式，是一个非常重要的反映社情民意的平台，我们要运用互联网密切联系人民群众，利用网络问政来了解民意，汇集大家的智慧和力量，为制定政策提供建议，让他们能够更好地参与到决策之中，让互联网成为一个能够让人民当家作主的重要载体。互联网为社会情绪的疏导、社会压力的释放提供了一个很好的平台。我们有必要将互联网作为一个良好的交流平台来进行信息交流，让人们能够更好地理解需求，同时也能做出反应。在这个过程中，我们不断改进舆情处置的方式方法，让我们能够更好地解决社会中的矛盾，保持社会和谐。

政府网络舆情工作的挑战与机遇

随着互联网的迅速发展和普及，网络开放度高、信息量大、互动性强的特征越来越突出，公民对国家和社会事务的知情权、参与权、表达权和监督权的诉求，也越来越多地在网络上得到了体现，互联网成了一个思想文化信息的集散地，一个社会舆论的放大器。随着互联网成为一种主要的社会信息传递途径，人们的观点会快速地聚集到网络上，从而导致了舆情事件的不断增加。

一、网络舆情处置现状与挑战

（一）责任重大

网络舆情工作作为一项基础性工作，关系到一个国家的经济发展、社会稳定、国家安全，具有举足轻重的地位。

1. 了解社情民意的重要窗口

在实践中，舆论监督是一项重要工作，有利于解决目前群众反映最强烈和最突出的问题，是最能体现人民群众满意度的一个重要途径。舆论监督能帮助党和政府深入了解人民群众的疾苦，避免出现精神懈怠危险、能力不足危险、脱离群众危险、消极腐败危险，杜绝形式主义、官僚主义、享乐主义、奢靡之风。通过与人民群众的密切联系，将党和政府的中心工作、重点工作落实到群众之中，将不利于社会和谐稳定的因素消除于萌芽状态。做好网络舆论工作，充分考虑民意，让广大人民的积极性、主动性和创造性都可以得到最大限度的发挥，使整个社会充满生机。

2. 有助于提高维稳能力

当今世界正经历百年未有之大变局。党的二十大报告指出，我们要准备经受风高浪急甚至惊涛骇浪的重大考验。在这个背景下，各类社会矛盾错综复杂，负面信息也屡见不鲜，如果处理不当，会给社会治理带来各种挑战，影响到社会的稳定和经济的发展。因此，将消极因素降到最低、深化社会治理改革、构建和谐发展环境是当前网络舆情工作的重点。

3. 考验政府执政能力的试金石

在互联网上，各种不同的思想和观点的碰撞、交融交锋是现实生活中激烈斗争的缩影，因此，网络舆情工作者要具备强大的辨别能力和媒介素养。网民的大量言论很可能会引起并加剧现实社会中的热点事件。在互联网上，人肉搜索等手段更是让某些已经曝光的问题无所遁形，叠加传播放大作用，更易使事情变得严重，当局势失去控制时，就有可能造成重大的社会影响，这也是网络舆情工作者需要时刻注意的一个重要问题。从东欧各国开始的"颜色革命"到随后席卷北非、中东等地的"茉莉花革命"，就是一个很典型的例子。这几起政治事件均由互联网发酵并推波助澜，与执政者的网络治理工作密切相关。

（二）环境复杂

目前，我国网络舆情形势具有信息来源多、传播速度快、社会影响力大、覆盖范围广、表现形式全等特点。网络舆情工作是伴随着网络舆论的发展而逐渐形成与演变的，它从最初的探讨到逐渐成熟，虽然只是很短的时间，但发展却很迅速，所处的环境非常复杂。

1. 网络舆情处置的复杂性

网络社会庞大而复杂，网络舆情处置本身就具有复杂性，我国的网络舆情处置不仅是一种信息工作，更是一种与西方国家存在很大区别的复杂社会治理工作。当前，我国正处于社会转型时期，社会矛盾易发、多发，而传统的意见表达途径相对有限。随着新媒介技术的发展，整个社会都进入了"大众麦克风"的状态，网络舆情处置已不仅仅是人们获取公众意见的一种主要途径，更是政府实施社会治理必不可少的一种方式。

2. 传统媒体"把关人"角色的缺失

互联网的自由、虚拟、快捷等特点，使一般民众的"话语权"格局发生了翻天覆地的变化，人人都有了发表言论和信息的自由。但是，社会是一个很复杂的系统，也正是它的自由与虚拟，才使得网络上的信息变得十分复杂，各种利益团体都聚集在网上，发出自己的声音，以获得支持。然而，现实与虚拟相结合的信息，使目前的网络舆情处置呈现出高度复杂的特点。

3. 网络反腐工作复杂性的表现

反腐是目前社会关注的焦点问题，也是网络舆论引导工作极其复杂的一个典型领域。我们在此以网络反腐为例，试图对网络舆论引导工作的复杂性进行直观展示。网络反腐的复杂性主要表现在以下四个方面。

第一，利用反腐败之名为自己谋取私利。有网民出于私人恩怨、权力斗争、利益纠葛等理由，借助党和国家对网络监管和反腐工作的关注，为了实现自己的利益，诬告或陷害当事人。

第二，对"人肉搜索"的不当使用是对个人隐私权的侵害。有网民出于好奇心，无端造谣、人肉搜索，打着"权力监督"的旗号，实则侵犯个人隐私，造成了恶劣的社会影响，败坏了社会风气。比如广州发生的"房婶"事件，最终被证伪，但当事人的家庭情况被网民曝光，很多隐私都被曝光，扰乱了他们的正常生活。

第三，感情用事造成不良信息的泛滥。网上充斥着误导性的信息、凭空捏造的信息。这主要是因为，有些网友在判断事情时会受到自己的立场看法、兴趣和情绪等多种因素的影响，存在歪曲事实真相的行为，误导广大网民。有时，即使是真实信息，也夹杂了情绪甚至带有主观恶意。类似的事例不胜枚举，而在网络反腐中不乏恶意中伤的情形。

第四，一些别有用心的人伺机对党和政府发动猛烈抨击。西方敌对势力以及国内外某些别有用心之人，常常利用民众对实际生活中出现的腐败现象的不满，通过网络诋毁我们的党和政府，或者故意把腐败问题扩大，破坏党和政府的形象，攻击中国特色社会主义制度。

除此之外，网上还存在恶意中伤他人的不法行为。在信息披露后，有人在背后操控乃至"翻盘"；散布"莫须有"的谣言，诬陷他人。这使得廉政信息的可信度被网民质疑，给网络反腐工作增加了难度。

（三）时效性强

1. 网络传播速度快

网络舆情通过各种网站、论坛、即时通信、博客、在线媒体、微博、微信等网络信息舆论场来发布信息，其传播速度极快，经常导致网络舆情信息的来源和传播途径迅速增多。腐败一旦曝光，就会以极快的速度扩散开来，很快被众人所知。由于人人皆可作为信息来源，每一位网民都有可能是反腐败网络舆论信息的发布者与传播者。

2. "倒逼"政府快速解决现实问题

网民们在遇到问题时，有的会选择在网上曝光，然后在网上展开议论，形成一种"舆论监督"，"倒逼"相关方快速地、坚决地解决问题，减少负面影响，消除影响社会和谐与安定的隐患。当然，党和政府对网络舆论的高度关注，也极大地激发网友们在网上畅所欲言的积极性，从而产生了一种良好的互动，促进了政府和各种社会工作的发展。

3. 非理性情绪更容易被扩散

网络媒体是一种流行的传播媒体，它的受众面很广，既吸引人，也更容易被人们所接受，其中，非理性的情感要比理性的情感更容易传播，更容易引发网民关注和讨论。一个热门事件，很容易就会变成一根导火索。尤其是有些网民在没有理性认识的情况下，把互联网当成了一个宣泄自己情感的地方，表达自己的负面情绪并相互影响，这些负面的情绪聚合成一种破坏性意见。所以，能否在最短的时间内对网络舆情进行准确的监测，是一项非常重要的工作。如果错过了最佳的引导时机，让部分带节奏的网民占了先机，那么网络舆情处置工作就会变得非常被动。

网络舆情处置工作必须注重高时效性，不容延误，否则当不良舆论信息迅速蔓延开来造成严重后果，也会影响到现实事件的有效处理。

（四）知识和能力要求高

在信息和知识经济时代，专业分工越来越细，协作度越来越高。而网络舆情，则是一个非常专业的领域，网络舆论引导是一种新的工作形式，各种新情况、新现象随时可能出现，这对从业人员的知识、技能有较高的要求。

1. 要求高且挑战性强

进入大数据时代，网络舆情处置工作能够借助技术手段不断趋于准确分析、精细管理、精准导向、以人为本、客观理性。然而，现实情况却是舆情监测手段有很多，但做出精准研判和引导却并非易事。这对舆情工作提出了各方面的新课题。有些单位和机构花费巨资购置了舆论监控系统，但由于人员紧缺或专业技能不到位，只得束之高阁，难以发挥实际效能。

舆论信息的搜集依赖一套强有力的计算机系统，然而，当前计算机对现实社会舆论无法进行充分监测，还有很多的分析工作要由专业人士来完成。所以，社会舆论工作就成了一道难题。当前，我国很多网络舆情工作人员都缺少专门的网络宣传专业训练，与实际工作中的高要求存在差距。

2. "三位一体"

"三位一体"即网络舆情工作者至少要具备三个层次的知识与能力。第一，掌握基础网络技术，对互联网业务和生态系统有一定了解；第二，具有一定的法律、法规和政策常识，了解互联网信息传播的基本规则；第三，具备较强的分析问题和解决问题的能力，擅长利用互联网进行信息交流。只有舆情工作者具备以上这些技能，他们的工作才能做到游刃有余。具体而言，网络舆情工作者既要具备网络舆情学的理论知识，又要具备一定的法律、法规和政策知识，还要能够对网络技术、数据库技术、信息检索和统计分析技术进行有效运用。网络舆论工作人员，尤其是分析人员和管理人员，不但要具备广博的知识、较高的政策水平和专业能力，还要具备基本的新闻传播学、社会学、逻辑学、统计学、经济学等方面的知识，更要掌握基本的计算机应用技术、通信技术、网络技术、数据库技术、信息安全技术、即时通信系统技术等，最后还要了解我国网络领域的法律法规，掌握虚拟空间治理的基本理论以及信息分析与预测的基本概念、理论与方法。

3. 能"说"会"做"

网络与传统媒体的最大区别在于，它让人们可以自由地发表意见，让每一个社会成员都能够将自己的诉求用一定的方式传递给社会大众，而不需要经过传统媒介把关、制作、加工、筛选等过程，从而加速了信息交互与舆情的发展。

当一个社会事件在短时间内引起广泛关注并发展成了一个公共事件时，巨大的网络压力就要求网络舆情工作者及时进行引导，这是"会说"。但也不能只限于口头上的"说"，在特定的情况下，还要转变成"做"的行为。"只做不说"不可取，"光说不做"亦不可取，而是要"边做边说"。从某种程度来说，网络时代的"说"本身也是一种"做"的方式。

二、网络舆情蕴含的机遇

从过去网络热点爆发与网络舆情处置情况来看，存在基层政府公信力有待强化、社会互信度不高、官民互动方式及渠道较为有限等问题。从政府的责任感、公众人物的道德底线等角度分析，我们可以看到，如果信任缺失，整个社会就会处于一种不稳定的状态；如果官民之间缺少互动，真实的情况就很难被充分地掌握。这让网络舆情复杂化，让舆情处置工作难度加大。因此，进一步加强政府公信力与社会互信，适时公开政府信息和尊重公众意见等，已成为当前网络舆情处置的当务之急。

（一）强化政府公信力

1. 政府担当

政府要做政府该做的事，牢记为人民服务的宗旨，为社会、为大局服务。它首先体现在认真履职上，这是国家行政机关依法管理国家和社会公共事务时应该担负的责任，体现着公共管理的根本内涵与行为取向。

2. 政府与人民群众的关系

政府和人民群众之间的关系。它包含三个层面：第一，国家对社会进行科学化的治理；二是全社会真诚地支持、监督政府；三是在宏观层面，通过政府和社会的协作，实现对整个社会福祉的改善。

3. 良性互动要常态化

政府和人民要形成良性互动，关键在于建立二者的信任感，并且将这种互动形式制度化，形成一种习惯性的良性互动，不断提高老百姓对政府的认可和信任。

4. 约束政府的权力

要建立一个有效的政府权力约束制度，防止滥用职权。作为一国的行政机关，政府部门要善于听取别人的意见，改正自己的错误。有了责任心，才能避免玩忽职守，才能保持领导者的本色，才能真正做到"一心为民"，才能赢得民心。

5. 干部要勇于担责

要强化政府的良好公信力，领导干部要具备敢于担当的精神，敢于直面问题。在面对复杂的矛盾时，不逃避，不转移话题，敢于决断，把握好解决矛盾的最佳时机，防止事情变得更加复杂，保障人民群众的正当权益。

（二）加强社会互信

1. 社会巨大变革导致人际信任度降低

作为中国"八德"，信与孝、悌、忠、礼、义、廉、耻共同组成中华民族的传统美德，对人的行为有着很大的影响。在传统的社会中，人与人的信任是基于熟人社会中的道德自律，人们通过口头取得信任，诚实的人会得到熟人的认可和称赞，而不守信用的人则难以立足。

改革开放后，我国社会发生了巨大变革，人们从原本的熟人社会中走出，进入了"陌生人社会"，原有的信任模式发生了变化，新的信任模式还没有形成。在社会转型的进程中，欺诈行为时有发生，对社会原有的信用模式造成了冲击。在当今资讯高度发展的时代，加之互联网的广泛传播，人们见到了很多上当受骗案例，这些都造成了真实社会中人际关系信任度受影响。具体表现在，人民群众对基层政府及民生领域的信任度或多或少存在一些问题。部分行业和企业存在着社会责任感不足，甚至唯利是图的问题，这些都是我们亟待解决的问题。

2. 社会价值观多元化

中国正处在一个转型期，社会价值观念呈现出多元化趋势。从某种程度上说，社会价值观的多样化是因为在不同的社会阶层、不同的文化背景、不同的生活环境中，人们有着不同的利益和需要，这与不同的知识体系、信息接触及社会环境有着密切关系。但是，在多元价值观的背景下，容易出现一个问题，即各种思想交融、交汇和交锋，也就难以形成共同的价值观，也就难以达成共识。如果一个社会不能形成共同的价值观，不能让所有人共同遵循，那么，这个社会的道德体系就容易产生潜在的风险。

3.信任风险高

我们正处于一个高风险社会，各类风险事件层出不穷，人们的直接或间接的信任风险在增加，这需要从制度的角度来处理社会信任问题。在制定法律和规章制度时，要将社会信用水平的因素考虑进去。而在治理机制方面，则要把重点放在减少信任风险上，尤其要从公共权力这一中心环节着手，进一步构建社会信任。

4.提升社会信任

社会信任是构建和谐社会的必备条件，但提升社会信任还需长期不懈努力。如果人际缺乏诚信，整个社会的发展就会受到影响。社会大众信任的缺失，其直接后果就是社会信用产生危机，给社会和民众的心理造成伤害。

如果频繁出现的不信任事件超出了人们所能接受的范围，那么整个社会的风气就会发生变化，整个信任体系也会受到影响。提升社会信任不是某一个人、某一个机构的力量就可以完成的，只有通过政府组织，多层次和全方位的实施，才能取得成效。

（三）重视信息公开

1.信息公开遭遇的尴尬

信息公开已成为人们耳熟能详的话题，但在实际操作中却会遇到很多具体的问题，特别是在与政府有关的网络舆情方面，一些地方官员缺乏这方面的意识。在面对突如其来的网络舆情时，有些地方官员缺乏责任担当，媒介素养不足，因而不敢轻举妄动，往往会先压一压，能躲就躲、能推则推，以等待更多的权威新闻或者上级的意见。其结果是错过最好的消息公布时间窗口，进而导致网上掀起声势浩大的舆论浪潮。对于这类官员而言，即使是有处理网络舆情的主观愿望，也缺乏妥善处置舆情的能力。网络舆情处置有别于一般的事务性工作，对于他们而言，网络舆论还是一个全新的话题，需要培养专门的能力，学习应对的方法。隐瞒消息是错误的，但毫无原则地披露也会带来损害。最主要的是，要有懂得网络舆论传播规律和舆情应对规则的专业工作人员。这些人在遇到紧急情况的时候，可以快速地分辨出哪些是机密信息，哪些是适合对外发布的信息，哪些是应该马上公布的，哪些是应该保密的。如果不懂得互联网的传播规则，就很难真正有效处置舆情。

2. 官民信息互动问题的解决之道

信息公开的问题得到了解决，接下来就是官方与民间的信息交互问题。首先，在观念上，应将官民之间的信息交互作为网络舆论治理的一个重要组成部分；其次，要有诚意，不要敷衍，不要摆架子，要实事求是，网民首先看重的是官方的态度，然后才是处理方法和结果；第三，官员和民众有良好的交流，才有助于达成共识；有一致的意见，才具备共同解决问题的基础。

3. 充分发挥主流媒体的正面作用

在解决了信息的及时公开和官民之间的互动以后，接下来就是如何更好地发挥主流媒体的作用。在新的媒介生态中，主流媒体应具有三大基本特点：受众面广，行动直面社会热点，敢于吸收主流舆论。只有这样，主流媒体的公信力才会更强。在网络世界里，主流媒体要想保持自己的主流地位，就必须坚守正确的立场，客观理性解读民意，打通两个舆论场，把党的声音、政府的政策主张和主流价值观等通过网络传播出去，整合官方话语和民间话语，梳理混乱信息，疏导偏激情绪，引导民众意见。对于主流媒体而言，这是义不容辞的责任，更是主流媒体应有的态度和担当。在错综复杂的网络舆情事件中，每个人都是推动事件发展的一个节点。对此，应充分尊重不同主体的利益诉求，寻求最大共识，并在不同的舆情热点案例中积极、有效应对。

4. 积极开展多方位的协商式对话

要使政府与民众之间形成良性互动，就必须在全社会中展开主动的对话与协商。"对话"的意义就是要认清历史事实，认识到社会和谐是政府与民众的共同追求。要实现这一目标，既要有公众的理性参与，又要有勇于承担责任的政府精神。在网络沟通中，要积极主动地与政府对话，与司法对话，构建良好的协商式对话机制，是当前最迫切的工作。

当前，国内的网民数以亿计，遇到重大公共事件，若政府信息不能及时公布，缺乏官民对话机制，很容易引发汹涌舆情，带来无端揣测，从而引发群众的不满，使政府工作陷入被动。

（四）重视民意

1. 重视民意是实现治国方略的必然要求

我们国家历来重视民意，十八大以后，党和政府越来越重视听取民意。2013年6月18日，习近平同志在党的群众路线教育实践活动工作会议上的讲话中明确提出："人心向背关系党的生死存亡。"要求各级领导以"照镜子、正衣冠、洗洗澡、治治病"为总要求，进行自我净化、自我完善、自我革新、自我提高。敢于触及思想，正视矛盾和问题，端正行为，"以整风的精神开展批评和自我批评，深入分析发生问题的原因，清洗思想和行为上的灰尘，既要解决实际问题，更要解决思想问题，保持共产党人政治本色"。

2. 党和政府前所未有地重视网络舆情

民意是指人们共同持有的具有普遍意义的观念和意志。准确掌握公众舆论，是一项艰巨的任务，要求我们具备敏锐的政治嗅觉与创造性。执政党要正视民众的呼声，切实为民众服务，否则，执政的合法性就会受到质疑和挑战。在这种情况下，党和政府非常注重真实的民意。从中央到地方政府设立了舆论研究部门，部分主流媒体和大学也都设立了舆论监控中心，对网络上不断涌现的意见和评论进行挖掘与分析，了解和追踪热门话题，为政策制定提供参考，提前预判并为可能发生的各类危机做好应对。

3. 倾听来自体制外的声音和意见

近年来，政府积极开展了舆论调查与舆论研究，大兴调查研究之风，听取外部人士的意见，"兼听则明"。开辟了一条搜集舆情的新渠道，以弥补官方舆情职能的缺失。比如，聘请专业的顾问机构，针对与人民生活密切相关的交通法规、税收政策等议题，站在"第三方人"的角度去看问题，收集、听取、把握真实民意。

4. 鼓励民意顺利表达

尊重真实的民意，已成为党内的一个共识。听取民意，尊重民意，顺应民意，这是党和政府在日常政策制定过程中必须遵循的一项基本原则。这也大大增强了群众建言的信心与胆量，使他们能够积极地投入为政府建言献策的活动中，发挥积极的作用。值得注意的是，一些网民擅长利用互联网来揭发公职人员的腐败现象，一些腐败案件都是通过网络曝光的，这对党和政府的反腐败工作起到了很好的支持作用。

5. 要重视民意

要让所有的党员都牢记和践行"全心全意为人民服务"的根本宗旨，用优良的作风团结人民，为实现全体人民共同富裕，为推动中华民族伟大复兴而努力奋斗，这不是一日之功。制度内外之声相辅相成，既是一种实践，又是一种理论探讨，这是一个需要以科学精神长久地进行探究的严峻问题。重民意，就是要重视真实的民意，网络舆情处置还有很长的路要走，目前良好的局面仅仅是一个好的开始，能否在很长的一段时间内建立起一套科学的、高效的运作机制，是网络舆情工作能否做好的关键。

三、网络舆情处置的重要价值

随着我国互联网的飞速发展与不断普及，网络已越来越成为反映民意的重要平台之一。

（一）提高执政水平的有效途径

加强执政能力建设，是事关中国特色社会主义事业兴旺发达、民族前途命运的一项基础性工作。

第一，政府部门必须对民意有一个全面、准确的了解。互联网已经成为公众对社会舆论进行反馈的重要渠道，很多网民在互联网上勇于自我表达，敢于将自己的观点和诉求直接表达出来，因此，网络舆论引导工作能够使党和政府切实地察民情、知民意、听民声、解民忧。

第二，只有对公众舆论进行全面、深入的分析，决策部门才能科学掌握和分析当前的实际情况，才能从更广阔的视野来审视和分析世界，不断提高驾驭全局的本领；才能在不断推进中国式现代化的进程中，在改革、发展、稳定的大局中来认识自己的工作、承担的职责；才能在纷繁复杂的工作和矛盾中，正确地掌握和处理好各个方面的关系，做好各项工作。

第三，公众舆情的正确、有效使用，可以使群众集思广益，帮助政府做出科学决策。做好网络舆情处置工作，是科学决策和民主决策的基本要求。

（二）构建和谐社会的重要基础

第一，舆情是社会生活的晴雨表，加强对网络舆情的关注，有助于对社会心理的准确把握，对社会心理进行有效疏导，并能为广大网民答疑解惑，引导网民的情感走向一个健康的、理性的轨道，对民众舆论进行合理的引导，对社会思想进行有效的调节。

第二，要充分发挥舆论情报工作的"预警器"功能，才能有效地预防和化解社会风险。作为一种对风险进行全程干预的机制，舆情工作对于应对重大突发事件有着重要意义。构建完善的舆论信息工作网，对社会热点、难点问题进行紧密跟踪，时刻注意社会领域中的隐患，及时发现苗头性、倾向性问题，坚持贯彻"早发现、早报告、早控制、早解决"的方针，尽可能地将不稳定因素控制在内部，解决在基层，消除在萌芽状态，不让它扩大蔓延。

第三，要充分发挥舆论宣传工作的"减压阀"功能，及时解决社会冲突。我国处在转型时期，现行的社会整合机制还不健全，存在社会疏导渠道不畅通和利益表达机制不完善等问题。作为一种利益诉求与反馈机制，舆情工作可满足人民群众的利益表达与诉求需求，协调各方利益关系，解决各种社会矛盾。通过这种方式，政府的工作更能获得民众的支持和理解，工作的针对性和主动性也会提高，进而维持社会的稳定，促进和谐社会的建设。

（三）网络问政的重要工作内容

互联网为社会情绪的疏导和压力的释放提供了一个重要平台。网络以其公开、即时、透明的特点，以其强有力的监督功能，对推动网络问政发挥着重要作用。要将网络及时、公开、透明的优势发挥出来，利用网络问政进行民主监督，及时找到问题，并采取切实的对策，让党和政府的工作接受人民的监督，持续地进行改革。

（四）落实创新宣传思想工作的基本前提

"贴近生活、贴近群众""走基层、转作风、改文风"是我党对宣传工作的要求。加强网络舆论引导工作，可以提高宣传工作的针对性、有效性，拓宽宣传思想工作的方式，把握宣传工作的主动权。唯有如此，才能使宣传工作的吸引力、感染力更强，让老百姓爱听、爱看，引起他们的共鸣，产生激励人、鼓舞人的作用，赢得他们的信赖与支持。

四、网络舆情工作的格局

从互联网上关注民意、汇集民智、化解民忧、凝聚民心，主动做好网络舆情治理工作，受到了各级党委和政府的高度重视。经过几年的努力和探索，"大舆情"工作已经在全国范围内初步建立起来，网络舆论"倒逼"社会发展，呈现出良好的发展态势。

（一）大舆情工作格局的特征

1. 各级领导干部舆情意识明显增强

对于网络上的意见建议，我党一直很重视，相关部门对网友反映的问题给予了认真的解答。中央领导在很多场合同网民进行了亲切的交谈，这反映出党中央非常关注网络舆情。在发布一项重要的决策之前，各级政府都会在网络上征询意见。每一届"两会"都会进行网络意见征集，其中以国务院最为突出，示范作用非常显著。

2. 舆情工作基础建设基本到位

我国已经建立起了从中央到基层的网络舆情监控与处理体系，上自中央、下至县城，都建立了自己的官方网站，并将相关的权威信息及时发布出去。目前，我国已经建立起了一支监控与处理网络舆论的队伍，其技术监管手段日趋先进、科学、规范。舆情工作总体上日趋规范和有序。中央成立了全国网络信息办公室，各省、区、市都成立了专门的网络舆情管理组织，并为其提供了相应的保证，舆情工作逐步走向专业化。

3. 舆情工作体系建设科学规范

舆情工作体系建设包括机构、制度、队伍、理论、技术、舆情处置、教育、平台、激励和发展机制、信息工作的安全保障等方面。这些制度、模式的构建，旨在实现各利益主体之间的信息交互、交换、沟通，从而达成共识、化解危机。具体表现在以下 3 个方面。

（1）初步建立电子政务管理平台

到目前为止，我国各级政府已经初步建立起了电子政务，而且运行方式已经趋于科学化、合理化，人民群众的满意程度也越来越高。首先，为应对突发事件中的公众舆论提供更好的服务，政府将电子政务管理平台作为一个重要的公共信息发布渠道。其次，构建了应急管理的政务内网、政务外网、公共服务平台，并建立了相应的网络资源库。当前，这三个基础框架构成了一个三维的、实现了电子化和网络化的政府应急管理体系，增强了对网络舆论的处理能力。

（2）公共突发事件应对能力较强

公共突发事件的破坏性强、偶发性强，更容易给社会带来巨大冲击，因此，及时将其公布，缩短信息交流的距离，消除信息的噪声，成了政府的当务之急。通过采用网上新闻、电子公告、网上论坛等形式，及时准确地将突发事件最新最真实的信息发布出去，从而占领舆论高地，正确地引导群众。在此基础上，缩小流言的生存空间，引导社会大众了解网络舆论的突发性和危害性，增强公众对政府的信任。

（3）政府对新媒体的使用能力显著增强

加强互联网新媒介运用能力，可以有效地防止舆论场出现"黄钟毁弃、瓦釜雷鸣"的现象。正所谓"朝议无黄钟，遂使街谈尽瓦釜"，也就是说，当没有什么重要的议程时，在经济利益的驱动下，一些微不足道的问题都会产生很大的影响，引起网民的盲目跟风。如今，政府不仅对新媒介的特征与规律有了准确的了解与掌握，还进行了积极的接触与利用，主动关注着互联网上的舆论，同时在不断地利用新媒介来应对各种突发事件，"黄钟"的声音正在变得更加响亮。

4. 网络舆情工作流程科学有效

经过多年的实践，我们已经逐渐形成了一套较为完善的网络舆情工作程序。针对舆情传播的垂直过程特征，将其划分为舆情监控、舆情研判、舆情上报、舆情预警、舆情处置五个阶段，并对各种类型的网络舆论引导方法加以改进。

（1）主流作用明显

做好政府和重要新闻网站的建设，加强舆论宣传的主阵地，加强论坛的管理。首先，国家加大了包括人民网、新华网在内的各大主流网站和品牌专栏（论坛）的建设力度，以及各地省级门户网站的建设。其次，扩大"两会"的影响力和可信度，产生一定的示范作用。最后，充分发挥网络编辑、论坛管理员和版主的作用，加强对论坛的管理，培育网络舆论评论员，组建一支规模较大的独立评论员团队，使许多重要的事件都能得到健康有序的指导。

（2）"议程设置"合情合理

有效的"议程设置"，可以对突发事件中的公众舆论进行引导，也可以有效地解决网络舆情危机。首先，要将应当公布的必要信息及时公布，并在第一时间向社会大众传达真实、权威、公平的信息。其次，构建多元协作机制，在与网络、传统媒体的协作下，设立合适的主题，以专题的形式，对突发事件做深入报道，并开展重点研讨，取得了很好的成效。

（3）网络意见领袖的作用

意见领袖是信息的主要接受者、传递者、评论者，也是"把关人"，是"看门人"。由政府扶植的互联网意见领袖起到了桥梁和引导政府舆论的作用。要善于发掘网络上的意见领袖，对网络上的观点进行引导，加强主流观点，力争保持中立，隔离极端观点。同时，在网络上构建专家交流机制，以公众磋商和远程民主的精神，促进问题的解决。以网民自身的声音去引导和感染网民，使网民自觉地进行自我教育和引导，收到事半功倍的效果。

（4）舆情治理方式科学有效

第一，要遵循互联网的传播规律，掌握好应对突发事件网络舆论的关键点，让群众能在互联网更好地表达意见，让互联网成为一个聚集信息和意见的集散地，让人们能够充分地表达自己的意见，在重要的节点上寻找突破口和转机，化危机为机遇。

第二，运用多种媒介进行舆论引导，对突发事件进行立体化、多渠道的网络舆论疏导，将网上舆情监测和舆论引导有机地结合在一起。充分发挥地方网络舆论平台的作用，加强正面宣传，探讨网络舆情联动与应急的创新机制。

第三，在"以人为本"的思想指导下，坚持理性、平和、包容的态度，以对话的形式进行信息的疏导，而非封锁的方式，使网络舆论得到健康发展。

（二）网络舆情工作的信息化建设

21 世纪的一个突出特点就是信息化，加速推进信息化建设和发展是事关国家现代化的重大战略举措。加强网络舆论的信息化建设，大力推广运用新技术，可以改善工作方式、创新服务、提升服务水平、提升工作效率。

1. 网络舆情管理信息化建设的重要性

网络舆情管理信息化的构建，就是将当前国际上最新的信息技术理念、最新的设备和最新的科技应用方式进行有效运用，对网络舆论进行自动化、智能化、科学化的搜集、存储、分析、处理以及引导，利用最新的技术手段和指挥管理平台让各个管理职能部门对网络舆论的管理和引导真正产生实效。

在网络服务方式与传播途径日益多元化的背景下，新媒体的舆情作用越来越突出，可以在一定程度上真实反映社情、民情等。在此背景下，要始终统筹全局，按照系统化、科学化、信息化的原则，加强对网络舆论的治理与引导；单纯的管理已经不能满足新形势下的工作需求，运用现代的技术方法进行管理，将网络舆论管理信息化作为目前和未来一个时期发展建设的目标和方向。

2.信息化建设的组成和主要任务

把网络舆情的各个方面工作与信息化建设相结合，构建一个先进、实用、可扩展的网络舆情管理信息系统及技术应用平台，使网络舆情的管理和引导科学化、一体化、数字化，提高网络舆情管理的实效性。

网络舆情管理的信息化主要包括软硬件支持环境、数据库、应用软件、用户、管理规则等。网络舆情管理的信息化是一项系统工程。在构建网络舆情管理信息系统时，要进行系统规划和统筹协调，对各种信息技术及应用进行综合集成。

3.网络舆情管理信息化建设的原则

在信息系统建设过程中，人们提出了若干有益的意见和看法，为构建网络舆情管理信息系统提供了依据。

（1）系统性和长期性相统一

这个信息系统由软硬件支撑环境、数据库、应用软件系统、用户相关管理规则这五个部分组成。在建设的时候，一定要把整体规划放在第一位，要把各个相关项目的配合都考虑进去，把现实与实际相结合，注重实效，以长期为基础，持续地发展和改进。

（2）兼顾先进性和实用性

在信息化建设过程中，应充分发挥现有的软硬件优势，构建具有较强能力的网上舆论管理信息系统。但是，随着信息技术的快速发展，在兼顾先进性的前提下，更要注重实用性，也就是说，软件和硬件的设计要符合实际的需要，要符合用户的需求，要符合人员的水平，要符合管理制度。

（3）注重技术性和管理性

信息系统的建设既包括技术工程建设，也包括管理工程建设，要注重两者并举，改变过去只重硬件投入、轻软件投入的误区，要持续加强对员工的训练，完善有关的管理制度，使整个系统的综合效率得到最大限度的发挥。

（4）开放性和扩展性的协同

在构建网络及应用软件体系时，要采取开放的体系结构，注重"上下左右"的整体结合，以及软件接口和信息交互规范的整体设计。与此同时，企业的信息化进程也在持续地进行着，企业的信息化建设也要随着时代的发展而不断拓展和完善。比如，以前的网络舆情监控系统，主要是对网页和论坛等媒介进行监测，但现在，微博、微信、抖音、小红书等越来越受欢迎，需要对这些平台的内容进行更多监测。

（5）保证可靠和安全

网络舆情管理信息化建设要以稳定、可靠的运行为前提，要能够支撑24小时不停地工作。同时，鉴于网络舆论信息系统的高度机密性，在构建与执行过程中，需要采取相关的技术与管理方法，以保证其安全性与保密性。

政府信息公开和网络舆论引导

网络舆情具有相当程度的不确定性、不可控性，已经成为政府部门所必须面对的重要政务之一。经过多年实践处置经验的积累，各地方政府部门在应对网络舆情方面都形成了一些主要做法和经验。网络舆情的处置大致归结为三点，即信息公开、舆论引导、现实处置。信息公开是打消网民的疑虑，切断网络舆情继续发酵的源头；舆论引导则是通过各种手段将网络舆情引入正确的方向，正如泄洪一般，使其自然疏解；现实处置最为重要，网络舆情起源于现实问题，对于网络舆情来说，解决现实问题自然是釜底抽薪之举，可以让其消解于无形。

一、政府信息公开

所谓"重大公共事件"，就是各种社会矛盾经过长时间累积和发展的最后爆发。网络舆情一旦出现，各种类型的信息就会在互联网上快速传播，极易引起网民的错误认识，从而导致事件走向恶性。英国的公共关系专家里杰斯特曾经提出了"3T"的危机应对方法，也就是"Tell your own tale"（讲述自己的经历）、"Tell it fast"（尽快提供信息）和"Tell it all"（提供所有的信息）。在当今社会，舆情的发展速度是很快的。如果不能及时准确地公布有关情况，事态就会变得难以控制，处理起来也会变得更难。目前，我国政府普遍采用的信息公开方式主要有三种。

（一）新闻发布会

新闻发布会也叫记者招待会，是由社会团体直接将相关机构的情况及对主办单位的重要活动进行说明。政府的新闻发布会，一般都非常正式、沟通双向、信息权威、媒体集中度高、传播速度快。在发生了网络舆情之后，社会公众都想要第一时间了解事情的真相和处理的进度，所以政府召开新闻发布会，邀请负责处理的相关部门来介绍事情的发展和处理进度，对于消除谣言、消解公众的疑虑、缓解舆论压力等能起到一定的作用。新闻发布会要做到全面、真实、诚实。所谓全面，就是要将事情的来龙去脉说得清清楚楚，让社会各界有充分的了解，不能避重就轻，回避矛盾；真实，就是政府发布的有关信息要与客观事实相一致，不得编造；诚实，就是对网络舆论的快速处理，政府应信守诺言，绝不能阳奉阴违。

随着改革开放的深入，我国正处于一个非常关键的时期，资源分配不够公平、贫富差距有拉大趋势、体制不健全等问题引起了社会矛盾的激化，突发公共事件的发生频率也在不断增加。在应对突发事件时，通过举行新闻发布会，既可以抑制流言的蔓延，又可以保障公众的安全，还可以促进政府信息公开，重塑政府信用。当前，网络舆论对社会的和谐与稳定起着重要作用，因此，公共部门应对网络舆论的能力显得尤为重要。所以，新闻发布会既是一块"试金石"，也是对国家治理水平的检验。

（二）传统媒体

相对于网络新媒介，传统媒介在受众上的优势是显而易见的，主要体现在以下两个方面。

第一，从信息发布角度来看，作为专门的信息发布组织，传统媒体拥有很强的信息搜集能力，经过专门培训后形成的"新闻产品"，总体上能够达到高品质的标准。按照传统媒介的专业化程序，来自各渠道的资讯，要经过多个环节把关、筛选、加工，达到一定的规范，才能向民众传播。

第二，从舆论引导的角度来看，由于具有社会责任感和传统媒体的背景，在一些重要的事情上，传统媒体强大的可信度和权威性让它们能够将舆论引导工作发挥到极致，并以特定的评论形式来凸显导向，宣传自己所代表的观点和立场，让民众更加信赖。

当网络舆情事件，尤其是群体性事件发生的时候，人们对媒体的依赖性会变得更强，他们迫切地希望知道事情的真相、社会的看法，以及政府的处理过程和结果。普通大众的视线主要聚焦网络，通过互联网获取信息，可以说，传统媒体在受众覆盖范围方面的优势已经极大程度被弱化。当然，权威媒体的专业性、权威性依然毋庸置疑。这个时候，政府就会通过各大主流权威媒体，及时地公布一些公共事件的实际情况、采取的措施、处理和查处的结果等信息，这样可以快速地消除流言，抑制谣言的蔓延，让民众的知情权得到了充分满足，恢复正常的社会秩序，获得民众的信赖。但如果政府故意隐瞒、控制、淡化，那么舆情处置就会事倍功半，甚至事与愿违，让谣言在短时间内迅速扩散，造成社会恐慌。

（三）政府网站与网络新闻发言人

随着互联网应用的迅猛发展，公众对热点事件的参与度不断提升，政府在网络中的话语权也越来越重要。在传统的媒介环境中，信息的传递途径很简单，大多数是通过电视、广播、报纸、杂志等主流媒介向更多的受众传递。并且，这些主流媒体都是由国家来掌控的，它们会对传播出去的信息进行把关，那些对社会安定不利的公众危机信息可以在第一时间被过滤。然而，互联网媒体的信息传播具有即时性、互动性、海量性、多媒体性等特征，让人们可以很容易地获取到所需的信息。而且，事件发生过程中，旁观者会化身为记者，用手机将事件的内容记录下来并上传到网络上，或者直播出来，很多事情都是从网络曝光开始的。网民和部分网络媒体在信息不够全面和真实的情况下，会出现对事件进行片面传播的现象，甚至为了追求流量以博人眼球。而政府网站、网络新闻发言人可以公开权威信息，让网民第一时间获得最权威、最准确的政府处理信息，有效避免被人蒙骗或误导。

政府网站不仅是政府部门对外宣传的门面，也是政府与公众之间联系的一座桥梁，具有重要的现实意义。当前，上自中央、下至县城，都建立了自己的政务网站，因此，在应对突发网络舆论时，起到至关重要的作用。但是，在实践中，政府网站在功能、内容、更新速度、互动性和浏览量等方面还存在不足，致使其在应对网络舆情方面的能力不足，难以发挥应有的作用。近年来，政府网站以多样的形式和高交互性的特点，逐渐成了网络舆情处理的重要力量。

在互联网环境下，政府新闻发言人是传统新闻发言人的扩展，是实现"电子政务"与"信息公开"的必然产物。2009年9月1日，贵州省贵阳市以政府名义设立第一个"网络新闻发言人"，借此平台对外发布政府信息，解答群众关切的问题。作为政府部门大胆尝试、自我加压的一项举措，贵阳市的网上新闻发言人一经亮相即受到瞩目，成为新时代各级政府新闻报道的热点。此后，陕西、四川、河南等省也纷纷设立了网络新闻发言人。从实践来看，网络新闻发言人的实现方式主要有：政府指定的网络新闻发言人，利用政府网站的政务网络平台、政府官员的电子邮箱、政府网络新闻发布会、政务微博等方式，对网络上的新闻进行实时报道，同时还可以与网民积极进行互动，包括回答网友的问题等。相对于传统的新闻发言人和传统媒介，网络新闻发言人具有传播速度快、突破时空限制、互动性强、信息个性化等特点。

二、政府舆论引导

突发事件发生之后，不论是在网上还是现实社会，网络平台的反应最为迅速。网民可以通过网络新闻、论坛、微博等渠道了解事件发展情况，对事件进行评论。尤其是在某些重大的突发性群体事件中，网民不仅仅是亲身经历者，而且还是"传播者"。各大网站、论坛、微博等都是网民舆论的汇聚点。在网络环境中，有些谣言极易受到网络的刺激而被放大，在网络环境中更易产生"羊群效应"。如何对网络舆论进行有效的干预与控制，建立一个良性的网络环境，让网民逐渐理性化，是当前我国政府应对网络舆情的一个重要课题。然而，随着互联网在社会热点尤其是群体性事件中的影响力越来越大，各级党委和政府对网络舆论的控制任务越来越艰巨。

（一）网络舆情监测与分析

网络舆情监控是当前网络舆情研究的热点和难点。一方面，利用舆论监控可以及早发现可能对社会稳定产生不利影响的各类信息，并在其形成或发展初期采取相应的应对措施。另一方面，在发生了网络舆情事件之后，对多数网民的意见和建议进行了正确的汇总，对这些问题进行综合分析，可以帮助政府部门对互联网上的舆情事件做出正确应对。在此基础上，构建网络舆情研判机制，政府可以对网络舆论采取有针对性的干预措施，比如在采集、分析舆论信息过程中，如果出现了消极或负面信息，就可以用积极的消息来抵消冲击。改进网络舆情监测与分析的技术方法，深入挖掘网络舆论，为政府部门的决策提供依据。

（二）网络舆论引导

在网络舆情事件发生之后，论坛、微博、微信、抖音等都会在很短的时间里涌现出海量的信息，其中既有真的，也有假的，更有部分人利用网络舆论进行造谣。在一段时间里，普通人很难分辨真假，很容易被负面情绪影响，导致网络舆论的突然变化。在此背景下，政府需要对网络舆论进行正确引导，调整舆论走向，使其走向有利于政府应对突发事件的轨道。当前，我国网络舆论的主导力量主要是网络评论员、权威专家和网络草根领袖。

1. 网络评论员

网络媒体的准入门槛低，网民可以成为新闻的接收者，也可以成为新闻的传播者，但因为每一个网民都有着不同的文化素质、人生观、价值观和利益取向，他们会表现出不同的观点，感性和理性的差异会造成不同的结果，从而造成舆论的分散化、情绪化，甚至会产生负面的舆论。因此，一个相对稳定的舆论环境非常重要。在网络舆情专家的引导下，网民从感性逐步走向理性。在网络舆情事件出现之后，网络评论员会在新闻网站上进行跟帖，在论坛、博客、社交网络上发表权威消息，或是对事件的起因进行合理的分析与评论，为政府部门处理此类事件提出意见，同时也给网民们带来更多的理性声音，可以起到抛砖引玉的作用，对网民的情绪进行一定的安抚，对他们的观点产生一定的影响。现在，一些高校和地方的宣传部门都成立了网络评论员。网评员是否能发挥作用、能多大程度地发挥作用，也要根据具体的情况来判断。就其影响而言，网评员的人数较少，在网络上的话语权尚弱，影响力也较为有限。

（2）权威专家学者

在一些重要的热点问题或事件中，权威的专家学者常常能够对公众的意见产生巨大的影响力。在舆情事件中，由于网络信息繁杂，所以网友往往会被一些错误的、非理性的观点左右，这就要求权威的专家学者出来澄清。这些专家学者在各自的领域内都有一定的威望，政府可以积极地邀请他们与网友进行交流，为广大网民提供准确、权威的信息，将正确的意见传递给网友，改变他们的看法。舆论场上的诚信由两方面构成：一是传播主体的声誉，包括是否具有诚实、客观和公正等特点；二是"职业权威"，也就是传播者在具体议题上有没有发言权。在专业性较强领域的事件、自然灾害等重大突发公共事件中，利用专家学者对网络舆论进行引导具有重要的现实意义。

3. 网络草根领袖

网络草根领袖主要由各种类型的自媒体报道者、知名直播博主、活跃网民等构成，由于其平民化和草根化特征，网络草根领袖对网民有更大的亲近感和影响。一方面，他们通过对当地政府进行舆论监督，从而获得了广大网民的认同。另一方面，通过与网民的交流，对他们的情感产生了积极影响。在网络舆论场中，大多数意见领袖都能对突发事件进行客观、公正的报道，表达自己观点的同时反映事件的真相。如果政府能够适当借助草根领袖的力量，那么就有助于揭示真相，遏制各种谣言，掌握舆论的主动权，从而使网络舆论朝着有利于事件处理的方向发展，有利于维护社会的稳定。

尤其是在自媒体的背景下，草根领袖的影响越来越大，信息传播速度得以大大加快。比如，一个基层干部的观点可以向所有的关注者推送，而这些关注者又可以再次转发自己的观点，在极短的时间内裂变式传播，从而获得了最大的传播效果。如果基层领导对某一网络舆情事件不能够做出客观、公正的评论，那么它必然会引起广大网民极大的关注。

（三）加强互联网管理

网络舆情的聚合不仅是引发网络舆情的"导火线"，同时也促进了网络舆情线上与线下的交互作用。互联网上不乏虚假信息和骇人听闻的煽动言论，特别是有些网络自媒体，为了吸引网友的注意力和点击量，发布未经核实的信息，或者对新闻的内容断章取义、歪曲事实、改变新闻的标题等。这些行为都会加剧网民的不满情绪，给事件的发展带来负面影响，在特定的情况下，网络舆情事件会转化为现实生活中的恶性事件。所以，加强对网络舆论的监管非常重要。

按照"谁经营、谁负责""谁委托、谁负责"的管理规定，网络服务商必须对自己的网站内容承担责任，起到"把关人"的角色。"把关人"主要有网页编辑、论坛和微博管理员及自媒体主理人等。在出现网络舆情事件之后，其职责是对本栏目进行巡查。一方面，坚决清理不实或煽动性言论，避免流言扩散；若遇网民接连发表多则此类信息，则可运用技术方法予以封禁，这种方法在互联网上可以谨慎用来应对突发的网络舆论，但在普通的网络舆论中要避免，因为这种方法很可能会引起网民的质疑，加剧矛盾和对立情绪。另一方面，在适当的时候以能起疏导作用的形式对网络舆情进行正面引导。

三、现实处置手段

从本质上讲，网络舆情并非虚拟的，而是真实的，它是一种社会问题、社会情绪在互联网上的反映。因而，网络舆情处置，首先要做的就是解决问题，其次才是舆论引导。要处理好一个热点问题，不仅要靠外宣部门的危机处理和公共关系，更要靠多个部门共同努力，来解决现实中的矛盾和问题。对于社会关注，我们要回应，更要从"如何回应"转向"解决问题"，从"如何看待"转向"如何解决"。要从根本上解决网络舆情问题，就必须从根本上处理现实问题。

（一）法律手段

在网络上，网民享有发表意见的自由，但自由是相对而言的。网络并非法外之地，网络用户要严格遵守国家的有关法律、法规和各种规章制度，如果违背了这一点，就会给国家、社会和他人带来伤害。纵观近几年发生的几起重大网络舆情事件，除有深层的社会因素之外，还有一些不法分子的介入，乃至国外敌对势力利用互联网传播的不实信息，这些都是一些重大网络舆情事件持续发酵的一个因素。

在应对网络舆情时，应采取适当措施，及时有效地处理网络上的不实信息，有效地缓解社会上的恐慌与流言，维持社会稳定。在一般情形下，对于那些尚未构成犯罪的，公安机关以治安处罚为主；而那些在网络上煽动，逐渐发展为社会暴力的人，则属于违法行为，警方采取强制措施，对其予以刑事拘留。同时，通过传统主流媒体，在第一时间将事情真相公之于众，疏导舆论，安抚网友的情绪，阻止事态的进一步发展。

（二）行政手段

在许多情况下，网络舆情事件是真实社会矛盾在网上的反映，有些已经发展成了群体性事件，有些虽然本身并不严重，但是在网络的推波助澜之下，又有了愈演愈烈的迹象。政府部门要在第一时间做出准确研判，积极主动反应，将事情的真相公布于众，并尽快制定出处置措施，从根源上解决通过网络发酵的群体性事件。这样既可以显示出政府的应变能力与行政效能，又可以掌握事件的定义权、传播权，推动舆情的良好解决。

（三）官员问责

近几年来，政府官员参与的网络舆情事件时有发生，其中，官员腐败、言行不当已经成为引发网络舆情的一大原因。在处理网络舆情时，应根据政府和官员的不同情况，采用不同的处理方式。比如，对于涉及官员腐败和作风问题的网络舆论，纪检部门要立即介入调查，并将调查的结果及时通报，对有问题的干部进行处理；而对于因官员不当言论引发的网络舆情事件，政府可以通过对相关官员进行澄清、道歉或给予行政处分等手段来降低公众对政府的压力。同时，作为应对网络舆情的责任主体，中央政府还建立了相应的责任追究机制，以提升政府对网络舆情的处理效率，避免不当处理激化社会矛盾。

第十一讲

突发事件的种类与特点

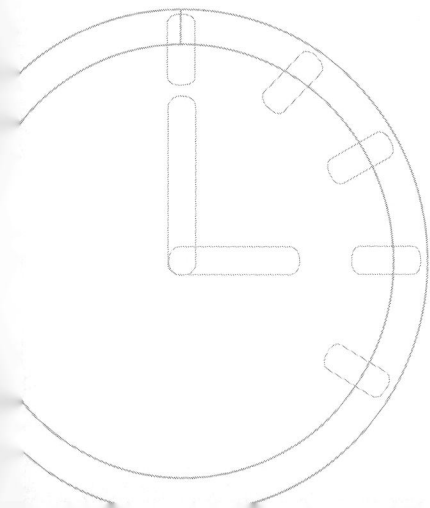

　　网络技术的发展将全球人民联系在一起，让"地球村"成为现实，不论我们身处何地，只要有网络就能够参与到网络舆论中来，这也导致任何地方任何时间的突发事件传到网上，就能瞬间传遍全国，乃至全球。我们以往认为毫不相关的事情通过网络媒体的放大，变得好像与我们息息相关，于是各种网络舆情事件频频发生，并牵动着我们的神经。

一、突发事件的种类

　　网络舆情大部分都是由突发事件引起的。突发事件，顾名思义，就是突如其来，让人防不胜防的事件。

　　《中华人民共和国突发事件应对法》从 2007 年 11 月 1 日开始实施。"突发事件"包括自然灾害、事故灾难、公共卫生事件和社会安全事件四类，这些事件对社会产生了或有可能产生重大的危害，必须对其进行紧急处理。根据社会危害程度、影响范围等因素，将自然灾害、事故灾难和公共卫生事件划分为特别重大、重大、较大和一般四个等级。本法、行政法规和国务院有其他规定的，依照其规定执行。各级人民政府应当在规定的时间内，对突发事件进行处理。

　　我国对"突发事件"的定义与世界其他国家大致相同。比如，英国于2004 年 1 月 7 日通过《民事突发事件法案》，将国家应对国内紧急情况及恐怖主义攻击的权限进一步扩展。该法将"突发事件"定义为"危及英国或英国的公共利益、环境或安全的事件或情况"，而不是草案中所说的危及国家"政治、管理和经济稳定"的情况。英国的该法律将口蹄疫、网络攻击、洪水、传染病、恐怖攻击等都视作突发事件。

（一）自然灾害

自然灾害是指人类赖以生存的自然界中出现的反常现象，它给人们的生活带来了难以弥补的灾难。常见的自然灾害有洪涝、旱灾、地震、火山喷发、泥石流、火灾、台风等，还有人类在漫长的岁月中产生的各种生态灾难，如土地沙漠化、海平面上升、大气稀薄等。历史上，我国自然灾害频发，比如民间总结的黄河"三年两决口、百年一改道"。

（二）事故灾难

事故灾难，通常是指在人类的生产、生活过程中发生的，会给人类带来巨大的生命损失、经济损失和环境污染的重大灾难性事故。2006年1月，国务院批准新华社在全国范围内印发了9个关于事故灾难类突发事件专项应急预案，这九个方案是：国家安全生产事故灾难应急预案、国家处置铁路行车事故应急预案、国家处置民用航空器飞行事故应急预案、国家海上搜救应急预案、国家处置城市地铁事故灾难应急预案、国家处置电网大面积停电事件应急预案、国家核应急预案、国家突发环境事件应急预案、国家通信保障应急预案。

（三）公共卫生事件

根据《突发公共卫生事件应急条例》的规定，公共卫生事件是指突然发生，造成或者可能造成社会公众健康严重损害的重大传染病疫情、群体性不明原因疾病、重大食品中毒和职业中毒以及其他严重影响公众健康的事件。公共卫生事故是危害人类健康和生命安全的重大事件。公众对食品安全和其他公共卫生事件的担心从未松懈，单凭一两件案子就能解决此类事件的想法根本不现实，公众对食品卫生安全和其他公共卫生事件的反思还在继续。

（四）社会安全事件

社会安全事件包括恐怖主义攻击、民族宗教、经济治安、涉外、群体性等类型事件。社会安全事件是影响社会治安和稳定的重要因素。近年来，社会上出现了大量的群体性事件，已经成为政府亟须解决的问题。《党的建设辞典》一书对群体性事件做了如下描述：由某些社会矛盾引发的，特定群体或不特定多数人聚合临时形成的偶合群体，以人民内部矛盾的形式，通过没有合法依据的规模性聚集、对社会造成负面影响的群体活动、发生多人语言行为或肢体行为上的冲突等群体行为的方式，或表达诉求和主张，或直接争取和维护自身利益，或发泄不满、制造影响，因而对社会秩序和社会稳定造成重大负面影响的各种事件。

二、突发事件的特点

（一）突发性和紧急性

这是突发事件的重要特点。所谓突发事件，是指没有任何预兆、无法预料的事情，令人猝不及防。但是，对于突发事件的具体时间和规模，以及它给人们的生活和生产带来的冲击，我们往往很难做出精确的预测。

比如，2008年冬季，烟台、威海两地突然遭遇暴雪。某地方媒体在其报道中用一种出乎意料的语调说："山东省烟台市气象局也没料到会有这么久的雪，而且还下了这么多雪。昨天，烟台和威海经历了十天的暴风雪后，又迎来了一次暴风雪，威海市地面上已经有了厚厚的积雪，最深的雪层有两米多高。"一般情况下，对于常规的雨雪天气，本地的气象局都可以提前预知。然而，极端天气往往就是突如其来，没有任何预兆，因此，在局部地区，这样突如其来的暴风雪就会造成灾难。突发事件的突然和紧急，也是谁也无法预料的。又如2008年的汶川特大地震，突然之间就发生了一场巨大的灾难。这就是突发的紧急情况。由于这些特点，相关部门很难对突发事件进行准确的预测与决策，从而增加了人们的不安全感。

（二）突发事件的不确定性

突发事件从开始到结束，都充满了变数，谁也不知道会发生什么，谁也不知道这一切会带来什么后果。所以，这些突发事件，表面上看起来差不多，但实际上，它们都是没有任何征兆，也没有任何规律可言。

以 2003 年暴发的非典型肺炎为例。正如世卫组织传染性疾病总干事戴维·海曼（David Hayman）所说，"非典"是一种新的传染性疾病。由于这种疾病史所未见，所以在预防和治疗上都存在着极大的不确定性。事后，人们得知"非典"是由 SARS 病毒引起的。那么 SARS 是怎么来的？云南的一种名为中华菊头蝠的蝙蝠将其携带的病毒感染给了养殖场的果子狸，携带病毒的果子狸被贩卖到广东，成为人们餐桌上的野味，这样病毒就被带到人的体内，引起了变异，就是 SARS。一开始，SARS 会导致人体功能的衰退，最后死亡。刚开始，只是南方有几个人死于 SARS，那时候大家都不知道 SARS 病毒有这么强的传染性。个别地区的医疗机构企图隐瞒疫情，被曝光出来之后，全国各地出现了对"非典"的极大恐慌。纵观中国"非典"疫情的发展历程，人们的预期多基于实际情况进行推断，然而，其走向却常常由于某些原因而"异化"，从而产生难以预料的后果。

（三）突发事件的危害性

突发事件多源于人为因素，其危害极大，会给生产、生活造成极大的损失。而且，突发事件所造成的损失还包括隐性损失，如对社会心理、个体心理等方面的间接伤害，会引起很大的社会问题。突发事件所造成的损失是立体的、全方位的，甚至会影响到整个社会的运转，影响政府的信誉。

就拿 2008 年的汶川特大地震来说，这场震中位于汶川的特大地震涉及四川、甘肃、陕西、重庆等 10 个省市的 417 个县、4467 个乡镇 48810 个村，受灾面积约 50 万平方千米，受灾人口超过 4625 万，特别严重和重灾区面积达 13 万平方千米，遇难同胞 69227 人，失踪同胞 17923 人，亟须转移安置受灾群众 1510 万人，房屋大量倒塌损坏，基础设施大面积损毁，工农业生产遭受重大损失，生态环境遭到严重破坏，直接经济损失 8451 亿余元，引发的崩塌、滑坡、泥石流和堰塞湖等世界上少有。汶川特大地震带来的不仅是人员伤亡、财产损失，更给大家的心灵留下了巨大的创伤，广大学生需要心理辅导。为此，四川省教育厅下发了《关于进一步加强灾后中小学生心理辅导与心理教育工作的实施意见》，提出要在 5 年内，按照 1 人 /1500 人的比例，逐步实现心理健康教育专业师资队伍，并推行持证上岗。

突发事件不仅会给人们的生命和财产带来很大损失，还会给社会带来很多不稳定的因素，如果处理得不好，还会损害政府的形象和信誉，对社会的安定产生不利影响。

（四）突发事件的社会性和公共性

突发事件和群体性事件有交叉的内涵，但是也有不同的侧重点。社会性、公共性是突发事件的显著特征。这种特征体现在，突发事件不只是一个简单的事件，也不只是一个人或一两个人参与的社会事件，它需要大量的社会群体参与，需要公共权力的介入，调动社会的人力物力才能解决。

伴随着中国经济的快速发展，社会利益结构不断调整，新问题、新矛盾层出不穷，已经成为当前我国建设社会主义和谐社会亟待解决的重大问题。

（五）突发事件的非程序化和可化解性

在社会生活中，事情可以分为程序决策和非程序决策两类。程序决策是在充分的信息和分析的基础上做出的一个好的决定。突发事件发生后，难以在短期内搜集到足够的、有效的数据与信息，特别是由于突发事件具有高度的不确定性、快速变化等特点，基于分析得出的结论通常缺少事实支持，导致决策结果不可信，属于非程序决策。突发事件的紧急性和不确定性，使其难以预测。与此同时，在突发事件的发生与发展中，也并无可直接遵循的特定规则，因此，对各种突发事件的处置，基本上都是因地制宜、随机应变，并非"一刀切"地采用统一的政策。

在历史上，我国有过几起火车碰撞事故，但是，事故的起因各不相同，其外在条件和面临的舆论环境也不一样，给人们的生命和财产造成的损失也有差别，而乘客的实际状况也各不相同。因此，每次事故面临的问题也就不一样。虽然从一般的角度来看，政府有相关的政策，也有相应的补偿标准，但这是因人而异的。比如，在 2011 年"温州动车追尾事故"中，铁道部面对的舆论压力是前所未有的，是首次面对如此棘手的突发舆情。

突发事件的具体情况有差异，化解突发事件网络舆情的具体做法也要具体问题具体分析。在社会生活中，社会矛盾具有普遍性和必然性，但这并不意味着事故就不可避免。"千里之堤，溃于蚁穴"，只要关注到足够多的细节和征兆并正确应对和防范，就可以将意外事件扼杀在萌芽之中。同时，在应对突发事件时，也要遵守一定的规则，其中就包括充分考虑民众意见以及应对方法的重要性。如果处理得当，就能将这场灾难的影响降到最小，也能让这场灾难尽快结束，让民众的生活恢复正常。但是处理不好的话，就极有可能造成更大范围的负面影响，让事情变得更复杂，更难处理，甚至引发更为严重的网络舆情。

第十二讲

突发事件网络舆情的
演变规律

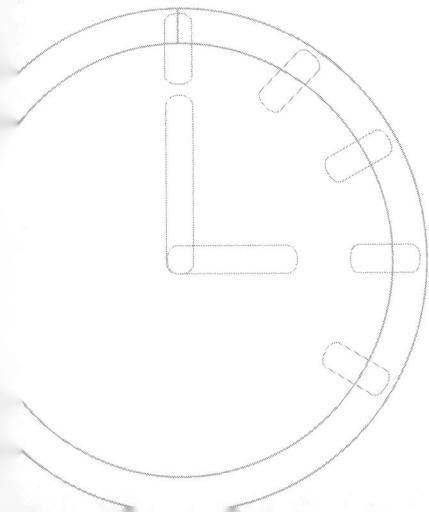

　　尽管突发事件类型和具体情况多种多样，由其引发的网络舆情也各不相同，但是网络舆情在宏观上却呈现出一定的演变规律。要应对和处置重大突发事件引发的网络舆情，就必须理解其发展和演变的规律。一般来说，重大突发事件的网络舆情演变都要经过萌芽、扩散、变换、衰减四个阶段。

一、突发事件网络舆情的萌芽

（一）突发事件网络舆情萌芽的特点

1. 随机性

　　如今，人们能接触到的资讯比以往任何时候都要多，而且媒介无处不在。在网络舆论还处于萌芽阶段时，与之相关联的信息在网络上的传播呈现出分散性。在移动互联网不发达的网络时代，人们在网页上浏览信息，浏览的内容是网站运营商提供的，具有随机性，呈现出快速化、菜单化的特征。如今，随着互联网的迭代发展，尤其是算法均推荐的作用下，用户被推送大量的信息，而这些信息都是符合其信息偏好的。

　　一些社交媒体平台上的评论，往往都是网民即兴的有感而发，因此网络舆论的发展有一定的随机性。互联网中的各类事件，因其随机性和用户自身的兴趣偏好等因素，会在互联网上生成各类事件的舆论信息，呈现出"事事皆议论"的态势。

2. 冲击性

　　互联网的不断迭代发展，全面重塑人们的社会生活和政治生活，从各方面来看，都是社会治理的挑战。网络正在以其自身所具备的独特性，不断地改造着传统的政治运行方式。任何一个事件，一旦被置于网络舆论旋涡，就会被无限放大，释放出强大力量，对现有的政治管理方式造成冲击。一般来说，负面事件更容易吸引网民的注意力，而政府和有关部门对负面信息的态度较为审慎。从社会治理的角度来说，负面信息具有一定的风险性，可能给社会治理带来挑战。为降低某一特定的负面事件所引起的社会关注，政府及有关部门往往会通过适当的手段来避免舆情的扩散。在这种情况下，网络用户要对某一事件发表消息和评论，需要采用适宜的方法和措施。舆情的萌芽表现出很强的冲击性，并会因治理措施的实施而发生变化。

3. 必然性

尽管网民的关注点各不相同，而且大量的新闻资讯会分散他们的注意力，但互联网上还是会出现一些受到人们高度关注的热门事件，也就是所谓的"网络天天有热点"。这说明，尽管网民在阅读过程中存在着一定的选择性，而且网络舆论具有随机性，负面信息更容易获得网民的关注。俗话说：好事不出门，坏事传千里。负面信息更容易吸引眼球，在流量经济时代，就更易获得流量。网民在实际生活中会有一些特殊的社会情感，这些情感通常是社会生活的各种矛盾中生成或者发展起来的。目前，这些共同的情感包括仇官、仇富等，当遇到官员或富人群体的负面消息时，网民就会特别关注并发出诸多议论。网民是社会生活中的普通个体，具备各自的社会认知、道德判断或法律认识，在遇到违反道德、法律或社会基本规则、伦理之事时，有些网民会以"道德捍卫者""法律维护者"自居，从自身的角度进行道德评判，从而推动网民对某一事件的关注。一些网民在关注舆论时，对评论量、点击量高的内容会表现出更多的兴趣。这些共同特点的存在，使一些事件的舆情发酵变得更难以控制，一旦引发社会的广泛关注，就难以从技术层去有效干预，从而突破网络舆论的随机性，进一步促成热点事件持续发酵。

4. 可控性

在政府机构对网络舆情进行治理的同时，基于对舆论发展规律和特征的认识，其他相关人等还会有意识地对舆情进行调控。在信息传递的过程中，存在着各种"把关人"，比如信息引导者、信息规范者、信息监督者。网民对网络舆情进行调节的行为有以下三种：一是对舆情热点进行长时间跟踪的网友，他们会培养出敏感的嗅觉或触觉，能判断出哪些事件会引发网民的注意和评论，并故意将事件信息公布出去，以此引发更多网友的参与，进而引发网络舆论；二是在明知某一事件不具备"轰动性"或"博人眼球"特点的情况下，通过"包装"，比如制作吸引人的、夸张的标题来吸引更多网友的关注；三是网民想要吸引更多注意力，于是通过放大舆论来给政府或有关人员施压，他们在此过程中会提供一些信息去刺激舆论场，从而引发舆情。随着"网络大V"、"网络推手"和直播博主的不断壮大，网络舆情的可控性变得更为复杂，官方对其的掌控力被削弱。在这种情况下，政府有必要在网上培育自己的传播力量，通过专业化的力量引导舆论的大小、方向和强度。

（二）突发事件网络舆情萌芽的间接动因

1. 网络表达平台的形成

在互联网诞生以前，报纸、广播、电视等纸质媒体或电子媒体，大多由政府、知识精英、传媒精英主导，其对外传播渠道都掌握在政府或精英阶层手里。作为媒介形态的报刊、广播和电视，由于其自身的信息承载与话语表达能力都受到了版面和时间的限制，不能为每个人提供个性化表达空间。而互联网这一新兴媒介形态，天生就具备自媒体的特性，它打破了媒介对人的掌控和信息量化的限制，使得所有参与主体都能自由、即时地参与事件的讨论。相对于传统媒介，互联网具有更便捷、成本更低的特性。互联网的兴起，给人民群众搭建了一个"官民共治"的平台，让民生、民意、民情有了可以表达的平台。

我们既可以把互联网看作一种新型的社交空间，也可以把它看作一种非常重要的舆论"硬空间"。人们可以在互联网上相对自由地、自主地"发声"，从而构成一种虚拟的"议政广场"。网络世界正日益成为"世态百相"的汇聚点、社会变革的敏感区域，也是所有人关注的舆论场。在日常或传统的媒介渠道个人意见表达容易受阻的情况下，民众发现互联网这个全新的表达、传播和申诉平台，并意识到自己发表的言论可以脱离权力和知识精英的话语约束时，就会把网络作为一个有效的利益表达渠道，也是一个宣泄矛盾和意见的渠道。互联网作为舆情的集散地，其快捷、互动的特点，可以快速汇聚来自不同地域、不同网民的民意诉求，并最终引起社会的重视，形成强大的民意声音，影响相关政策的制定。互联网既能反映民意，又能承载各种社会交互信息，为不同人群、社区、阶层和利益群体提供交流观点的平台。互联网既呈现舆情，也促进舆情互动。

2. 具有表达能力的网民

在互联网上，网民是话语与行动的主体。互联网的兴起，催生了一批崭新的网民群体。因为网络空间实现了对普通人表达的充分赋权，所以这一新型的平民化表达群体形成了一个庞大的话语源。网民的话语量持续增长，话语意识和能力不断提高。

就我国现状而言，最早的网络用户是商界、文化界的精英阶层，在教育与科学研究网、政府上网工程及商业性网站兴起后，网络用户开始呈现多样化趋势，以大学文化程度和中青年为主。尽管互联网的发展降低了用户门槛，但是网络用户的主体依然是各类精英，网民以年轻人、知识分子和中产阶级为主，他们被称为"信息富人"，具备分析、判断和表达的能力。这部分网友是"新意见阶层"，他们对社会上的种种现象都有一定的认识，并且能够进行分析与评判。此外，这部分网民乐于关心社会问题，富有正义感、同情心和责任感，是具备言论意识和能力的网民群体，是网络舆情萌芽的主要力量。当前，用户主体不断扩大，随着移动互联网的广泛使用，大量老年人也成为网民的主体力量。

3. 多样新闻的呈现

新闻和网民提供的突发事件的信息是引发网络舆情的一个重要因素。以往，民众在有限的信息资源中获得信息，而如今，民众已经成了信息生产与传播的主体。此外，受接口的限制，传统媒体不能同时发布海量的新闻，更不能展示大众的意见，但互联网可以突破这个局限。政府网络治理是当前的一个重要课题，尽管有关部门已经采取了一系列的措施来规范网上新闻的生产和发行，但是，针对互联网新闻的大量需要，各大新闻网站依然有许多有待完善的地方。另外，由于互联网上的知识产权有待完善，网络新闻的转载、移植和处理都给了网站和网民较大的自由度。

4. 个人话语权的扩张

在社会发展过程中，精英群体总是有着强烈的话语冲动，只不过受限于传播渠道，他们难以对社会现象做出充分表达。通常而言，随着个人文化素质的提高，其话语机会与表达能力也随之增强，而社会对其的约束则在减弱。互联网使个体更少地承担由话语带来的社会压力和权威介入的可能性。网络用户在发表观点、传递信息时，已经在很大程度上打破了传统的"把关人"审核模式，将个人计算机作为社会生活的"界面端"，在各种地方都可以"公开喊话"。在互联网上，信息和观点的发表不再是一种特殊的权利，每一位网民都可以充分地行使自己的"话语权"。

在新媒介环境下，民众拥有了更多的话语权，而网络的话语空间也开始向正式的话语空间不断拓展。部分在现实中不能与社会政治生活融合的局外人、边缘人，也获得了网络政治参与的可能。网络成为生活在困境中的人们心灵上的慰藉与归宿。每个人都能在网络上找到自己感兴趣的内容。在网络空间中，各种虚拟群体和个体网民在网络社区、微博、微信、抖音等平台上表达了各种不同的观点和看法。网络社会的兴起，为原本容易忽略的政治诉求提供了一个平台。而网络本身所具备的聚焦热议、放大处理、曝光查处等特性，更是让网民的话语冲动与话语权意识日益增强，他们往往会在网络上以"即时"的方式针对某种事件、某种政策、某种活动、某种形象发表自己的观点。网民也努力利用"话语叠加"所产生的"话语风暴"增强个体的话语能量。在互联网环境下，用文字、图片、视频等表现网民个体生存状态，这种以文本和音视频形式表现出来的言语已经成为他们证明自身存在乃至社会存在的一个重要依据。随着话语数量的增加，网民话语的能量与影响力也会增加，他们被认识或被关注的可能性也会更大，进而从中获得更多的自我满足感与成就感。在这种正向激励的动力下，网民倾向于充当事件的评论员和裁判者。

5. 共同社会情绪的积淀

当今社会正处于百年未有之大变局中，新的挑战和新的问题层出不穷，各种矛盾通过网络进一步被放大。在社会转型期，很多事件天然就具有一定的热度，但在互联网环境的叠加效应下，这些事件更易受到大众的关注，各种社会情绪也随之被影响。

6. 网民的社会角色扮演

在网络空间，社群成员的身份呈现多元化与交叉性的特征。互联网所具备的便捷性和身份识别技术，使得人们可以更多地发挥自己的作用。在网络环境中，每个人都可以扮演不同的社会角色。

（三）突发事件网络舆情萌芽的直接动因

1. 事件缺乏真实信息

随着互联网的发展，人们获得了越来越多的信息，但是，这些信息的可靠性就成了一个问题。受个人认知、能力和精力的限制，网民不可能在短时间内对某一事件的全部细节进行细致的筛选和分析。而突发事件的不确定性，很可能会导致信息传播的不确定性，如果事情的真相模糊不清，就会出现各种谣言或小道消息。此外，对于某些突发事件，如果政府官员闭口不谈、含混不清或加以掩盖，那么民众的焦虑和担忧就会加重，从而促使其产生更强烈的理解和认识事实的欲望。为了对一些含糊不清的情况做出合乎认知的说明，网民难免会大开脑洞，进行猜测。许多人在突发事件发生之后，都会关注并就此发表自己的意见。他们可以通过在线交互，自发地生成和传递事件的细节、现场情况和个人观点。尽管个体网民属于微势力、微内容和微价值，但是当他们把注意力集中到同一个特定的事件上时，其接近事实的力量是难以想象的。现代社会的复杂性、衍生性、关联性等因素，也会产生各种各样的不确定风险。风险的范围、延伸或路径是不确定的，风险的诱因、机制和影响是未知的，这些都是现代社会的常态。而这种"常态"又会影响到网民的心理和行为，是他们持续发声的潜在诱因。

2. 事件需要公正裁决

从许多突发事件可以看出，在政府重视并快速处理的情况下，网民、媒体、当事人都不会主动对事件进行公开，更不会形成或产生大规模的舆论。在某些特定情况下，网民不停地发声来表达他们的诉求，是他们对政府行动迟缓的响应或对政府的强力措施感到无奈，也是对缺少意见表达渠道的一种另类抗议。网民、媒体或当事人的主动参与，是为了让自己的"声音"得到政府的重视和关注，并按照自己的意愿采取实际行动。此外，在网络上以极低的代价支援并参与公益，可以让网民获得某种高尚感的心灵满足。而且，突发事件自身也可能蕴含着许多不公平因素，比如强弱对比、公私权利差异、贫富差距，再加上应对措施失当、权威信息的缺失等，都会伤害网民的情绪。因此，网民期望用自己的声音来促使事件得到公正的处理。

3. 事件冲击基本价值观

社会存在着一系列的基本价值观，这些价值观有明显的主次关系，构成了一种理性的基本价值系统。社会主体的生存和活动是按照其基本的价值取向来进行的，以保证社会的稳定和秩序。在社会现象和问题与先验性的价值系统发生偏离或相悖时，就会出现一种心理上或精神上的不适。而在实际生活中，突发事件以及事件中所表现出来的言行及事件本身的性质，都可能会对已经确立的基本价值系统产生影响、冲击乃至颠覆，激发人们对事件的关注与表达。网络环境下，网络主体的话语与行为表现出"惩强济弱"的趋势。通过对弱势群体的声援与扶持，原本素不相识的网民在网络空间内形成了新的身份认同。

比如，当突发事件所传递的信息是某一弱势群体的基本存在价值丧失时，这种悲剧性的信息就会引起网民的同情。比如，群体的暴力行为、冷漠的心理和欺善压弱的行为，会激发网民的正义感和"惩强济弱"的价值观；当网民觉得肇事者违反了社会道德却没有得到应有的处罚时，他们就会自动地站出来，以"社会正义"的名义呼吁法律的制裁。而且，在某些事件中，当地政府表现出的不够中立的立场，也会引起网民的反感、质疑与追问。

在实际生活中，网民会根据自己掌握的法律知识、生活常识、社会经验及个人所持的道德观念、伦理纲常，对某些突发事件的原因、善后措施、司法裁定或判决展开反思与判断。能在网上造成如此大的影响和关注的，往往都是那些对既定的理念、秩序、价值观、制度、规则等产生重大影响的突发事件。从实质上看，网络用户的价值评判就是对事件及其相关主体的行为与话语的正当性审视与道德追问。

4. 事件推动和强化情绪

在风险社会，突发事件日益增加，各类小事件由于衍生效应、发散效应等原因，会导致一系列的类似事件。在大量新闻中有符合多数人的认知期望或内心情感的信息时，在情感或诉求的激励下，网民更有发表言论的意愿，或者直接对事件进行评论。这是一个"事件发生—情感刺激—事件放大—情感增强"的动态循环过程。

5. 事件具备功能元素

从网络用户群体来看，用户呈现出多元化、复合型的特征，并表现出不同的诉求或作用。有些网民期望在网上完成创作、娱乐、曝光等活动，将娱乐性、戏谑、法不责众、助人为乐甚至趁火打劫等情绪扩大化。有些事件所蕴含的可想象的娱乐成分，也为网民的狂欢、情绪宣泄等意识和心理提供了可能的机会。

因此在这种网络生态中，光怪陆离、形形色色、价值各异的信息和言论，层出不穷。此外，由于事件自身的不确定性，给网络用户创造了引导或操纵他人的机会，许多网民把突发事件所造成的群体不合理或群体防御能力不足的情况作为自己行动的出发点，部分网络用户能够创造出轰动效应和引导效应。

（四）突发事件网络舆情萌芽的方式

1. 新闻稿件诱发网络舆情

网络舆情的产生，与传统媒介的介入有直接的联系。在突发事件之后，常驻记者和外地的派出记者立即赶往事发地，对事件进行动态报道。但是，现场报道受到时间、空间的限制，有时候，记者赶到现场已明显滞后，难以在第一时间做出及时、全面、权威的报道。又或者，当地政府或有关方面对事件进行保密，对记者公开报道做出一定程度的限制。在党管媒体、党管互联网的体制下，记者都应站稳自己的立场，但是，复杂的现实环境下，记者也不是孤立存在的群体，在社会生活中有各自的角色、价值取向和利益指向。有的记者并不局限于对事件进行客观报道，他们也会根据自己的认识，甚至受雇于利益团体，对事件的信息进行"剪裁"，做出带有倾向性的判断。与此同时，随着自媒体的不断迭代发展，记者的立场、报道的草根性与大众化在逐步加强。

2."公民记者"诱发网络舆情

互联网的开放特性使得人人都是报道者，即所谓的"公民记者"。网络媒体的发展，以及网民的参与、角色扮演和信息意识的提高，使得他们更愿意也更有能力成为新闻的首要传播者。另外，传统媒体在某些突发事件中的缺席也催生了一批"公民记者"。在政府发布权威消息之前，他们利用时间差，通过网络媒介第一时间主动向外部传递信息。"公民记者"会将自己在现场拍摄到的素材和信息编辑成一篇报道，有的则只有对话截图、群发信息等，将它们发布在自媒体平台上或在圈群内传播。在某些突发事件中，网络用户成为新闻的主要发布者，网民所提供的消息常常被传统媒体或新闻网站使用。

分布于各地的众多"公民记者"，由于更靠近事发地，其速度和便捷程度远超记者。他们可以发表大量原创性、直觉性、民间性的新闻素材，这些资讯虽然片面化、碎片化，但在网络上具有较高的关注度和接受度。"公民记者"的报道与网络舆情的非正式特性相吻合，是第一手的网络舆情。然而，由于他们的报道有很大的不确定性，且带有一定主观色彩，与客观事实可能存在偏差。他们在新闻报道中所表现出的倾向性，有可能影响人们对事实的准确判断。因此，与职业媒体所引导的网络舆情相比，"公民记者"引导的网络舆情的可信度较弱。

3.网民发帖诱发网络舆情

在网络平台上，网民频繁地发表各种各样的信息，这些信息的形式多样、内容丰富，包括网民对某一突发事件的判断和分析，也有网民对某种社会现象、人物的评论，还有网民分享自己的个人经历、生活体验、人物或奇闻逸事。这类原创内容以其真实质朴的特点引起网友们的注意，是引发网络舆情的一种形态。一些网民为了吸引眼球、蹭流量，故意制造出一些标题古怪、内容独特、风格奇特的内容。这些内容在语言、主题和观点等方面更贴近网友的阅读偏好和倾向性，因而也会成为网络讨论的热点。还有一些网民对一些事件和现象进行更加深入和独到的分析，这些内容经常带有为弱势者代言的色彩，容易吸引较多注意力，引发情感共鸣，起到引导作用。

此外，网民提供的内容还能让更多网民深入参与讨论，进而提高他们的活跃度。在突发事件中，由某一特定网民发布的内容引起的大规模舆情风波屡见不鲜。一般来说，促使网民发布或不断转发的突发性事件与个体网民有着紧密的联系，要么这一事件损害了发帖者的利益、权利或声誉，要么是所见所闻对其意识和思想产生了冲击。

4. 其他形式的网络舆情

在个别案例中，有些突发事件在一定范围内成为热点，但并未出现在互联网上，却因政府部门的通告而引发热议，进而形成网络舆情。

二、突发事件网络舆情的扩散

（一）突发事件网络舆情扩散的表现

1. 网络舆情数量的增长

在互联网上，舆情数量表现为点击率、转发量、评论量等。舆情的发展并非一条直线，而是在不同的媒介、不同的平台上，呈现出间歇式的、爆炸性的增长。因为网民的阅读、点击、回复、评论和转发等数量都是随机的，所以舆情的数量在短期内呈不规则的增长趋势。此外，舆情的数量状况与事件的新闻报道、网民讨论、信息更新等有着紧密的联系，若无相关人员在消息、信息等方面进行"议题设置"，则网民就可能不再关注某一事件，也就不会形成舆情。但是，在较长时期内，事件舆情量的变化随着关注度的缩小而逐渐衰减，直至淹没于海量的网络信息之中。

2. 网络舆情议题的增加

当事件的信息量越来越大，网络舆情的话题也会呈现出多样化的趋势。从事件的舆情话题来看，前期的话题一般都是围绕事件的原因、参与人员、事件的现状、真相等方面展开的。但是，当网络上的舆情话题发展到一定程度的时候，有些网民就会将注意力集中在事件的深层原因上，努力从理论上、制度上、社会共性元素、社会情绪等方面来进行分析和评论。网民所关心的问题也迅速转向了社会问题和政治问题，在互联网上的观点逐渐向主流化和政治化发展。舆情话题将逐步从个别事件上升到对某一种社会现象、问题或病态的剖析。从事件的直接舆情来看，它的内在形式也是多种多样的，比如在有些网络舆情中，包括对事件当事人的行为表达自己的观点，对事件的评价或定性，表达对相关主体的行为的态度，也有对新闻报道方法的判断，还有对事件或报道的元素进行提炼和归纳。

3. 网络舆情主体的增多

在突发事件中，一个或多个主体，如记者、编辑、事件目击者、事件组织者等，都有可能成为舆情的诱发因素。在舆情扩散的进程中，参与的主体日益增多，比如总是寻找行为或言语对象的网络推手或策划者，各种故意或无意传播事件信息或舆论的广大网民，事件相关的当地政府部门及其工作人员或聘请的网络评论员，事件的直接或间接参与人或目击者，还有一些传统媒体编辑、网络新闻编辑、网络直播博主、"公民记者"等，都会对事件进行报道。有些时候，一个网民会扮演多重角色，对事件进行直播分析，并参与其中，引导其发展。而一些在网络中扮演着联系或节点角色的网民，则会刺激和引导更多具有不同身份和角色的网民或公众参与到事件中来。

4. 网络舆情空间的扩大

在网络舆情发展过程中，一些舆情是从一个特定的载体上产生的，比如一个新闻网站、一个微信截图、一个短视频等。不过，当人们对此有了更多关注之后，就会被转发到社交媒体平台，而一些热门的信息或图片则会经过编辑的处理，变成网站的新闻来源。此外，有些事件并不只是在网络中传播、发酵或扩散，也会进入现实的空间，持续传播或发酵。当前，网络和情感空间呈现出多样性，直播平台、社交媒体平台都可以成为舆论发酵空间。在现实生活中，公众舆论的空间呈现出地域化和广场化的特点，在少数人的小群体话语平台、多层次的综合平台，形成舆论空间。

在网络舆情的数量、议题、强度和空间持续变化的同时，网络舆情也呈现出日趋激烈的态势，即舆情呈现出了数量多、议题多、多主体、多空间的急剧增长。但是，舆情一旦形成，就会出现压力效应、揭露效应、示范效应、行为效应和群聚效应等效应。舆情风暴将在一定时间内占领众多的互联网空间，成为互联网特有的"景观"，也是网民话语、行为乃至认知的重要组成成分。舆情犹如一场真正的风暴，来得猛烈，去得也快；来也匆匆，去也匆匆。而在风波之后，会产生一系列的沉淀效应，对网民的心理、精神都会产生一定程度的影响。

（二）突发事件网络舆情扩散的渠道

1. 网络媒体

在网络舆情传播过程中，网络媒体发挥着举足轻重的作用。一是新闻站点，主要包括新闻频道，聚合新闻等；二是以论坛、微博、哔哩哔哩等为代表的互联网社交媒体平台，网民的浏览、转发、编辑等行为都会引发舆情在媒介中的扩散和感知；三是以 QQ、微信、抖音、小红书等为代表的网络社会平台。社会网络环境下的舆论传播具有多向性和传播性，不能准确地找到传播的起始与结束。同时，各类新的网络媒介形态也在不断发展壮大，并逐渐成为网络舆情传播的主要载体。

2. 移动网络媒体

移动网络用户已经成了网络舆情的重要参与者与表达主体，其影响力日益凸显。目前，在智能手机、移动网络等技术的加持下，以手机为代表的移动通信终端被认为是继电视、报纸、广播、网络之后的第五媒体。手机的便捷性，使得其发送和接收的信息内容可以在很短的时间内传播开来。随着移动终端用户的规模不断扩大，以及移动终端与其他媒介的结合，移动终端在网络舆情传播中的作用日益凸显，呈现出时效性、广泛性和多向性等特征。同时，移动运营商在改善或扩展移动终端的应用领域和功能方面所做的种种努力和行动，也将推动移动媒介在移动互联网中扮演越来越重要的角色。

3. 口传媒介

最简单、最快捷的沟通方式是口头沟通，突发事件的网上舆情往往是由参与主体或知情人士通过口口相传的方式，在圈子内或熟人之间进行扩散。事发地点，大部分人都是用口语"广而告之"的，而在网络上，网民也会在办公室、茶楼、酒吧、广场等地方讨论这件事。有些人通过口口相传的方式，在自己的圈子里不断地传播，并"返回"到网络上去观察、接收和传播，因此，以社会关系网络为基础，形成了一个多点、圈子式的网络舆论传播模式。线上线下融合互动，现实与虚拟相互影响。

4. 传统大众媒体

传统的大众媒体包括报刊、广播、电视等。随着报刊、广播、电视和网络等媒介之间的互动越来越多，这两种媒介之间的议程设定和话语融合也变得越来越明显。一则新闻，如报刊，在纸上发布，被网络媒体转载，引起热烈讨论；同时，网络上的热点事件，也会通过"信息搬运工"，如记者、编辑等，通过报纸、广播、电视等渠道进行报道或播出，形成更广泛的舆论宣传。此外，由于更多的传统媒体发展了网络版、网络平台，甚至一些传统媒体已经抛弃了纸质载体，转而专注于网络载体，这无疑极大地加快了传统媒体的网络化进程，从而使传统媒体能够更加深入地参与到网络舆情的孕育与传播之中。

5. 其他媒体形式

媒体对舆情传播的影响也更为显著。网络上的抵制、游行等行为，会吸引其他网民乃至公众的关注，而公众也会对他们的诉求和言论予以关注，从而达到网络舆情的传播。在行为媒体之外，还存在诸如图标、旗帜等口号式媒体。在众多媒介无缝联结的今天，各类媒介的作用得以扩展，媒介之间的学习与沟通，使得媒介之间的界限越来越模糊。从目前的形势来看，事件和舆论传播的速度很快。通常，一个热点新闻舆论可以在一天之内传遍网络，并迅速向其他媒介传播，因此，舆情在短期内就可以达到大众化、普及化的效果。

此外，在媒介传播过程中，事件和舆论并非随意地传播，而是在记者、编辑和网络意见领袖、流量博主等各方的影响下发生了改变，有些话题变成了新的热门话题，有些则渐渐淡出了人们的视野。在传播过程中，各种话语的力量各不相同，有些在消散，有些则变得更加强大，并且具有更强的随机性，使得舆情呈现变动不居、千变万化的态势，给舆情聚合、分析、研判带来了极大的难度。

三、突发事件网络舆情的变换

（一）突发事件网络舆情形式的变换

总体来说，初期的舆情形式主要为各类新闻报道、网民发布的零散消息以及通过传统媒介或网络媒介发布的信息。这些并非直接由网民发出，但它们是网络舆情的基本元素，同时包含了网络舆情的非正式特性，因此只是初步舆情。当一条新闻或相关报道被上传到网络之后，新闻的衍生产品就是各种各样的点击或回复（比如新闻的跟帖）。这个时候的舆情就会变得简洁明了，以网民的关注和短评为主，还有一些是转载、点赞等非文字形式，它们是网民的情感、态度和观点的直接表达。

这类舆情在事件和舆论传播中具有广泛的影响，是其他舆情的生成基础。此外，当事件信息不清时，还会出现各种各样的谣言。在这之后，因为事件信息的公开和不同舆情的出现，事件的来龙去脉、相关要素或争论都变得清晰起来，再加上双方的对峙等因素，舆论场进入胶着状态。这个时候，有一部分网友会对舆论中的关键人物或情节进行符号化，构建一种社会讽刺和认知模式，并把事件或舆论素材编辑成具有一定情节、内容或指向的短小文学作品，其中还包含一些具有传播功能的流行语、顺口溜、口头禅等。因此，网络舆论通常被赋予了文学、艺术、文化等方面的功能，其作用已经超出了事件的范畴，有的则直接指向了特定的社会现象或问题。也就是说，舆情具有很强的张力，它不只是指向一件事情，而是指向更广泛的社会事件，其实质是事件背后折射出的许多社会现象和问题。

在网络舆情发展的过程中，有网民会发布一些带有宣传性的舆论。这些舆论有针对性，传播范围较大，有时甚至会打着道德、正义、爱国的旗号来动员网民。而且，这种人肉搜索和集体动员形式多样，相关舆情也越来越多。此外，网络用户还会在广场等地方对某一事件进行"行为艺术"展示，吸引眼球。也有网民根据事件中的素材，创作出漫画、图画、短片、录像和海报等作品，来表达特定的情绪和意见。

有的网民已不满足于单纯的线上议论，他们热切地想要走出网络，到真实的世界中持续地关注并促进事态的发展。在言语、口号等的舆论效果不大的情况下，一些网友会采取前往事发地点采访、调查取证、现场手机"直播"等方式。而在真相被完全发掘出来、事件得到圆满解决之后，各种形式的舆情才会慢慢地消失。自此以后，舆情形式就呈现出一种潜隐状态，成为一种记忆，在面对新的事件或相似事件时，这些记忆才会被重新激活。舆情也会以特定的概念、习语的形式出现，虽有方向性或具体的含义，但是在不知道有关事件的情况下，网民很难发现其含义和指称。

（二）突发事件网络舆情强度的变化

就大部分突发事件来说，网络舆情的强度基本遵循从强烈到逐渐减弱的线性变化规律。或者由于媒体的某些偏见，故意突出或掩盖一些相关的信息；或者因为能知晓的事件信息量很小，或者因为事发时的关注者情绪很容易激动，所以初步舆情阶段的强度往往是很强烈的，网民的情绪很高，话语和言论中充斥着负面情绪，而这种语言通常会出现在各种新闻跟帖、评论或转发中。在这一时期，舆论的显性诉求强烈，话语具有明确的指向性，容易产生情绪化的表达，观点鲜明。

但是，随着事件的演变或调查的深入，舆论呈现出先情后理的演变趋势。随着越来越多的细节被曝光，媒体从多个方面进行了报道，事件的参与者或其他方面的角度的解释与回应也在持续地发出，在网民对此进行了深入了解和认识之后，争议和情感因素也逐渐减少，舆情的强度也逐渐减弱，网民对事件及其当事人的强烈情绪也在一定程度上平息下来，以一种更加平静的心态去看待整个事件。此外，随着舆情的发展，舆情制造者也将随之改变，从原先的普通网民转变为权威主管部门、主流媒体和部分网络意见领袖，他们极少对事件及其相关人员做出激烈的评论。而且，网民的情绪不会持续太久，会随着时间而消退变化，所以，网民自身的特点决定了舆论的激烈程度会有所下降。因此，在处理得当的情况下，舆情会越来越少，舆情强度也会越来越弱。如果舆情仅仅以几个具体的概念或词语出现，那么舆论中的情感因素就基本上被消解了，剩下的只有网络信息的痕迹。

尽管大部分突发事件的舆情强度都会继续呈下降趋势，但也有一些突发事件的舆情强度会发生不规律的变化。比如，一些事件一开始只有少量的消息，网民不会对此给予特别的注意，网民的评论或许"无关痛痒"。然而，随着越来越多的消息被曝光，相关人员的一些举动和相关部门的不当反应都会引起公众的热烈讨论，有时候还会激起更多的不满、质疑和争议。特别是在公职部门应对不力的情况下，网民的情绪受到刺激，从而引发强烈的情绪，批评、谴责和不满的声音会越来越多。此外，在与情感互动的过程中，一些网民可能会由于不同的意见或观点等而产生言语冲突，这些矛盾在持续的冲突和辩论中不断升级，最终演变成带有"火药味"且偏离事件本身的"骂战"。

在一个特定的时间点上，通过技术手段对网络上的舆情进行检视，可以看到舆情表现出不同的情绪和强烈的对比。也就是说，在某一时间点上对网络舆情进行"快照"，我们可以看出网络舆情的激烈程度在当时是难以判定的。究其原因，有两点：一方面由于互联网上的"陌生人"，即网民具有多元化的特点，每个网民都会接触到不同的资讯，他们会表达不同的态度和看法。参与突发事件的网民在不断地发生着变化、调整、流动，以致在特定时间点上的舆论情感是多种多样的，难以找到任何一种规律。另一方面，因为互联网的"录音"特性，不同的网友也会在同一网络空间转发不同时间、不同空间的信息，这就造成了某一网络空间中存在着不同时段、不同角度、不同层次、不同态度的舆情。因而，舆情的呈现是无序的、随机的，没有时空或逻辑上的一致性或规律性，从而使得舆情的搜集或分析往往不具有规律性。由于网民的随机移动及网络舆情的随机性，所以在相对短的时间、相对小的空间中，很难对舆情强度进行有效的分类、解读和剖析。网络舆情的这种特点，使得单纯依靠现有的技术手段，难以对舆情的强度进行有效的评判和分析。然而，即使短期和小范围的舆情强度不能确定，但长期和大范围的舆情强度变化是可以确定的。

（三）突发事件网络舆情指向的变换

舆情是公众对事件或事件中的相关人员的态度和看法，具有很强的指向性。大量的个人观点在网上发布，并经过错综复杂的交流、融合、取舍和整合，最后形成了偏向性的多数共识。一段时间内，公众舆论常常指向某一主体，但在下一阶段，公众舆论又指向另一主体。如果事件的处理方法引发了争论，或者是爆料在网络上激起了更大的兴趣，都会导致舆情诉求的方向发生变化。从宏观上讲，突发事件的网上舆论指向大致可以划分为指向事件、指向政府和指向其他三个层次。具体看来，突发事件的网络舆情指向变换有以下特点。

1. 由事件本身转向政府部门

在网络舆情出现的过程中，前期的舆情大多是围绕着事件发展的，比如事件的参与者、事件的处理结果、伤害的情况。事件的过程、细节信息、直接和间接原因、新闻报道量及报道的角度和方法、近期的发展趋势和走向以及涉及的人物、相关政府部门、问题等，形成一个以事件为核心的舆论指向发散模式。在事件的真相相对清晰之后，公众可能会把注意力转移到政府的态度和行为上。特别是在某次事件中，政府部门有无错误或失职，政府有无不当的反应，比如故意隐瞒事实、撒谎、保持缄默，所披露的事件信息，对相关地方官员的处罚等都是公众讨论的重点。

当突发事件的负面消息在网上流传开来的时候，事发地政府部门的大多数人都有谨言慎行的意识。而一旦事后有逃避、沉默或推卸责任的行为，就会引起网民的抱怨和指责。舆情指向也从具体的事件，转变为对政府的公信力和治理能力的评判与质疑。同时，网络上的一些带有政治性的言论也会逐渐走向非理性，陷入一种文字游戏的情绪性狂欢，参与其中的网民甚至会沦为某些不法利益组织利用的工具。

2. 从事件细节转向社会制度

根据一些学者对突发事件中议题转移的研究，议题演进遵循"求证事件—解决问题—追问法律、道德与制度"的规律。从大部分事件来看，网民都能从这些事件和政府的行动中挖掘出更多的内在成因，因此舆论就将矛头对准了一个具有普遍性、广泛性的社会深层问题或现象。民意也由此从对事件的诘问，转变为对一些不合理的制度的批判，或对社会道德感乏力、法律缺位或失效的焦虑。这一转变也反映了许多网民对现实权力运行、制度、法律、经济等更深层次问题的思考。

3. 舆情反转

这种倾向在近几年的热点事件中尤为突出。在舆情萌芽阶段，因信息不对称或不充分披露，新闻报道中的局限性成为网友评判的依据。但在某些情况下，新闻报道的内容往往是有限的、带有一定倾向性的，此时，网民的判断就会倾向于其中一方。再加上网民特有的社会情感和认知，他们还会有意识或不自觉地加强某种单向的认识或评价。

此外，在舆论形成的初期，因为受到意见气氛的影响，一些被压制或弱势的团体或个人不敢发表意见，而随着公众舆论的影响力减小或公众对某件事情的关注度降低，不同的事实或意见浮出水面，就会产生"舆论反转"。在突发事件中，突发事件的舆论指向，除内容指向的变化之外，还表现出两种倾向。

第一，网络舆情的指向从多元逐渐趋向于单一。这种情况通常发生在事件之后或者在新闻发布之后很短的一段时间里，舆情指向也是多元化的，可以是事件的起因、过程、主体的行动，也可以指向新闻的途径。互联网的内容是无所不包的，它包含着不同的文化类型、思想、价值、生活方式及道德标准。在某种程度上，每一个网民的发声都代表着一个舆情指向。而且，在舆情交互发展过程中，舆情方向也会因为舆情参与主体、舆情议题和舆情能量的改变而变得更加聚焦和单一，在舆情发展的中后期，舆情仅仅是针对少数具体的问题，比如当事人的法律判决、事件的真相等。

第二，网络舆情的取向从最初的明确转向模糊、宽泛。在网络舆情发展的初期，人们的诉求比较清晰，主要表现为对真相的追逐和利益的追求。在舆情互动发展的过程中，部分网民在娱乐和戏谑心理的影响下，将舆情慢慢地从具体的政治表达、政治利益和诉求呈现中抽离出来，变成"网民的狂欢"。在这种情况下，舆情已经偏离其严肃性和政治性，使其诉求的明确性和方向性减弱。此外，当政府介入、事态逐步清晰时，各类妥协性言论、意见与建议也会陆续涌现。也就是民意在表达各方的诉求和意愿的过程中，并没有得到比较中立、可被各方接受的结果。各方面的诉求都被压了下去，那些"锋芒毕露"式的言论逐渐淡出了舆论舞台，代之以更宽泛的观点或意见。

（四）突发事件网络舆情关系的变换

1. 多主体视角下的网络舆情关系变换

因为舆情是多主体共同参与的，所以网络舆情发展中存在着复杂的关系。我们一般将网络舆情的诱发主体分为网民、传媒、政府、当事人，从这些角度去发现网络舆情关系的演变特点。

（1）从联盟类型向分散类型发展

在突发事件网络舆情出现之后，一些网民会在某种程度上形成默契甚至达成一致，以此来给政府部门及具体的相关方施压，此时就会形成一种短暂的、松散的联盟。但是，这个联盟是一个很容易瓦解的联盟。一方面，随着越来越多的网民参与进来，网民们获得的信息越来越多，他们的看法和态度也会变得不同，某些网络精英、推手等特殊形式的网民还会自觉地远离大众。而且，随着事态的发展，参与的媒体越来越多，他们的视角和披露的内容也在不断地改变。有些媒体会寻求特别的角度，希望展现出不同于其他媒体的资讯、素材等。随着网民与媒体的日益增多和分化，网络上的这种松散联盟自然就从内部瓦解。另一方面，政府部门及相关人员还会采取治理、引导等措施，比如通过疏通、诉诸法律等手段来进行干预和引导。

（2）从孤立的联系向互动的联系转变

从突发事件发生初期的舆情表现来看，各主体间并未形成有效的接触与交流，彼此还处于陌生状态。而在舆情大规模传播和多个主体的介入下，主体之间的话语乃至具体交流信息等都将被展现，比如政府部门或当事一方与特定的媒体取得联系以寻求发声，或者事件的一方或双方寻找到做出于己不利的报道的记者或网民，有时候事件一方也会对另一方当事人道歉以寻求"私了"。在网络传播的过程中，网民与媒体、政府与相关主体之间存在着复杂的互动关系。

（3）从单纯类型向复合类型过渡

在突发事件发生初期，媒介主体十分有限，舆情的要素、指向和议题都比较简单，但是随着舆情的传播和演变，媒介主体将会不断增加，并且呈现出不同的状态。同时，舆情主体所引发的话题、话语、观点、态度和导向也将日益多元化。在这种舆情发展中，原有单一的线性关系会受到更多因素的扰动，从而产生复杂的关系，也就是舆情的内在关系越来越复杂。这不仅涉及舆情主体之间的复杂关系，也涉及舆情要素之间的复杂关系，甚至可能引发多个事件之间的舆情交互，使得事件关联更加复杂。在网络舆情关系日益复杂的情况下，对其进行梳理、分析和分类将变得更加困难。

2. 网民视角下的网络舆情关系变换

从引发网络舆情的主体——网民的视角来看，舆情的内在联系呈现出以下的转换特点。

（1）从多边关系转向双边或单方面

随着舆情演变，舆情的主体也越来越多元化。在舆情发展的过程中，主体之间会出现沟通、对抗等行为，表现为不同类型的分裂或聚合。在此过程中，多元主体或消失，或变成若干派别。在一些突发事件网络舆情的中后期，在利益推动和关注度衰减的作用下，参与主体对事件和相关舆情都持消极态度。这时，只有一些幕后推手在发表自己的观点，舆情一般都是在自说自话，于是舆情就变成了单向的、没有交互的。

（2）从紧张对立到兼收并蓄

在舆情形成的早期，因网民的兴趣、当事人诉求和需求的差异，网民对事件本身或相关话题会有比较激烈的争议。比如，在新闻评论舆情中，最常见的现象就是地域攻击——一些网民根据某地的事件发生频率和对当地的偏见，对事发地恶语相向，事发地的网民则会针锋相对地反驳，从而表现出强烈的攻击性。但是，随着舆情的演变，参与其中的网民有的转移注意力不再关注，有的则调整了自己的意见，有的则热情退去而不再参与。因此，在舆情发展的中后期，舆论场往往更容易展现出各种平和的、兼容的言论，它们逐渐成为主流，舆情呈现多元并存的特点。

（3）舆情的主体从直接主体到非直接主体

在大部分突发事件中，由于信息的非对称性，舆情发布者通常都是与事件有直接关系的人。他们是事件的参与者、处置者、知情者或报告者，唯有他们积极或被动地将事件的信息发布出去，并表达自己对事件的观点、认知和评价，围绕该事件的舆论才能产生。在事件没有被报道或者没有知情人透露的情况下，普通网民很难获得据以判断的材料，网络精英也无法找到可供分析的目标。而当舆情产生并扩散后，卷入舆情的人会越来越多，各种各样的非直接主体会在有限的信息、不同的经历甚至是自己的想象等基础上，对事件进行更多的评论。这个时候，所涉及的舆情主体就是一群陌生主体，他们通过互联网这个平台进行交流、碰撞和融合。在一些特定的情境中，当事件发展到一定程度时，一些直接主体因种种顾忌或约束，已不能再作为舆情的关联主体，这时，他们的联系就会慢慢消失，而陌生人关系则会变得突出，从而形成一种新的舆情主体互动模式。

四、突发事件网络舆情的衰减

（一）突发事件网络舆情衰减的表现

1. 再无新舆情出现

（1）无新议题产生

当传统媒体停止对某一突发事件的关注而使其失去信息来源的时候，网络媒体本身也不会把有限的注意力放在一个突发事件上，也就是有更多更热门的消息取代了这个事件。如果在某个时段，没有太多新的议题，则突发事件的新闻量就不会被替代，新闻量的减少也会变得缓慢很多。这表明，在某一次突发事件中，网络舆情的衰减程度与该时段内出现的各类突发事件数目成正比。有的时候，有些突发事件的网络舆情还没有被政府和相关人员做出反应，按照正常的发展轨迹，网民或媒体会继续对该事件进行讨论，同时也会催生更多的网络舆论，以此来给政府或者当事人施加更大的压力，让事情能够更快更好地解决。但是由于新的突发事件的发生，网民转而去关注其他热点事件，该舆情再无新议题刺激，影响逐步减小。

（2）无新动态

出于兴趣、精力等原因，网络精英或意见领袖们不再对某一突发事件的网络舆论进行炒作或推动，这样网络相关信息和讨论越来越少，社交媒体上也没有了关于某一突发事件的最新动态或评论。

（3）点击量、评论量、转发量下降

也就是说，尽管有新闻，也有主要的推文和视频内容，但是网友们已经没有了对这个事件的兴趣，或者是对新的消息或评论无感，从而导致了点击率和转发量的大幅度下降。这种现象说明，在网络传播过程中，媒体和网络精英对网络受众的关注程度和敏感程度并不高，从而导致网络舆情导向的滞后和失效。

2. 内容受限

作为一种传媒形式，网络媒体可以储存和编辑信息。网络媒体的信息可以由编辑或者技术力量来掌控，这一点，像报纸这样的传统媒体形式是不可比的，当一份报纸被印好之后，它就不能再改变。而网络媒介通常是由各类网络管理员、网络技术人员和平台管理人员来进行管理。在网络舆情可控的环境下，一些主体会要求网络媒介的经营者加强信息审核，有的则是雇用专业的删帖公司或个人来做这件事。这样的行为通常会造成一方的舆论在互联网上被清理，而网民对此则不易察觉。也就是说，新的内容不能再生成。删除、屏蔽或限制接入也是网络舆情的一种弱化，但这种弱化是可控的，不是自发的，也不是自然达成的。

3. 舆情影响力弱化

当网络舆情已经过了激进期或者情感发酵阶段，在信息增多、网民情绪趋于平和或各个主体的引导下，网民们对某个事件或某个人物不会表现出强烈的态度与观点，新的网络舆情话题也没有超级的爆发力和感召力。尽管网络舆情还在不断地发展或者有新的舆论涌现，但整体舆情已经没有太大的影响力，政府和相关人员已经感觉不到舆情给他们造成的压力和不确定性。在这个时候，舆情往往会以某些"无所事事"的网民或者少数想要"有所作为"的网民的个体行为的形式出现，而网民们的关注、热议、争论、冲突等情绪都被大大削弱，其中蕴含的情感、诉求、需求、态度等也在逐渐淡化或模糊。也就是说，这个层次上的舆论衰减并不是单纯的舆论数量的减少，而是更多地体现了舆情的影响。就某一事件而言，各层次舆论的消减或同步，或逐渐显现，其间并无明显的渐进效应。需要注意的是，舆论的衰减不能仅仅从舆论的增量或者"边际增量"的角度来衡量。在一些情形下，尽管新的舆情还在增长，但是没有被传播和转发，没有很高的点击率和回复率，讨论度和影响力等都不高，这也是舆情的衰落。我们不能只从一个方面去认识舆情衰减，而应该从复合的、多元的视角去看待和分析。

（二）突发事件网络舆情衰减的类型

1. 内容视角的分析

（1）要素型衰减与数量型衰减

因为网络舆情常常牵涉到特定事件的参与方、事件的直接根源和内部根源、政府的应对措施、社会制度根源等诸多方面，有时候，网络舆情也会产生派生效果，牵涉到更多与之无关的事件、人物、现象或问题。也就是说，网络舆情涉及、指向或议论的要素是多种多样的。舆情衰减包括两种：要素型衰减和数量型衰减。要素型衰减是指一些因素，比如事件的一个细节、政府的一个行为或当事人的某个言论已经不再被人们所关心；数量型衰减是指对于一个或全部舆情要素，其点击、回复、转载量、报道量都在逐渐下降，而对舆情在数量上的监控则以数量型方式进行。总体来看，舆情的衰落是由要素型衰减和数量型衰减共同作用的。但是，在某些情况下，舆情要素下降，而舆情数量会增多；反之，舆情要素增加，舆情数量却会下降；还有的时候，舆情要素和数量同时减少。

（2）整体性衰减与部分性衰减

整体性衰减是指事情所有的网络舆情都不再产生，部分性衰减是指事件的某个群体、某个方面、某个空间或指向的网络舆情衰减。某一层面的舆论消减，是指在事件信息不断增多的情况下，以过去的事件材料为基础生成的舆论，由于不符合事实或新材料，可能失去了生存能力。参与团体引起的舆情消退，是一个参与团体因为利益的改变，或是因为在舆论场中感觉到自己无能为力或被压制，而选择离开或离开舆论场。指向舆情的衰减，有可能是由于定向舆情受到回应或满足，也有可能是某一定向舆情的影响无望而自行消解。舆情在具体空间的衰减，是指在某种名义下，网络舆情的弹性空间因权力的介入而被压缩。总体上讲，首先是局部衰减，然后是整体衰减，或是某些部分减弱，而另一些部分上升，这就造成了总体的衰减。当某一时段内各部分均呈衰减状态，就会产生大速率大幅度的衰减。

2. 趋势视角的分析

（1）形态性衰减与功能性衰减

形态性衰减指的是网络舆情中明显的话语量、图片、转载量、报道量等指标的衰减，它是可以观察和监控的。功能性衰减是指网络舆论的施压、揭露、批评和封锁等功能，或削弱了其对政府和公众的影响力。从这一点上看，形态性衰减不一定引起功能性衰减。虽然有些时候，舆情的数量在下降，但还是有一些权威人士、国家级媒体在询问一些重要的问题，这样的舆情往往不多，但却有很强的影响力和引导力，因为它们有明确的目标，有很大的影响力。而一些已经被隐藏起来的民意，尽管没有以具体的形式出现在互联网上，但是它的潜在作用是非常巨大的。

（2）阶段性衰减与永久性衰减

阶段性衰减就是指事件并未得到彻底解决，或虽已被解决，但其所包含的本质因素仍在。在这一点上，网络舆情在一段时间内不会再出现，也就是说，对于一个事件，网络上的公开平台是不能对其进行监测的。但是，如果有了新的发展，或者是一个网民找到了一个新的元素，或者是有一个相似的事件，那么，事件的网络舆情就会重新产生，甚至是已经存在的网络舆情也会受到影响，形成一个新的舆情高峰。

永久性衰减是指事情已经完全解决，也可以说是一种流言在被揭露后"见光死"，也可以说相关方进行严格的约束，这种情况下，舆论不会再出现。此时的衰减是无法"死灰复燃"的。但是，如果把"零敲碎打""无影响"的持续出现也归入舆情的永久性衰减范畴，那么许多舆情就有可能永远消失。

3. 缘由视角的分析

（1）控制性衰减与自发性衰减

科技发展使我们有可能更大程度地掌握互联网。控制性衰减是指在政府部门、网络媒体和科技精英等的作用下，在网络上形成的一种强制性的舆情衰减行为或现象。在网络治理机制下，当政府要对一件事"降热度"时，常常是借助政府的网络监督能力来达到。一些地方政府在应对网络舆论危机时，往往采取"一捂、二堵、三拖、四拒绝、五控制"的策略，企图以此来化解网络舆情，但效果不佳。

自发性衰减指的是网络用户，特别是普通网民对某一事件不感兴趣而引起的舆论衰减。也就是，一些舆论并没有太多的政治性或对抗性，政府和它控制的网络媒体、网络监督力量等都没有对舆论进行控制，因此，这些舆论基本呈现出一种自我生长、自我消亡的状态。当网民对非常规突发事件的处理结果满意时，其关注度会逐渐下降（反之则将持续跟踪），从而导致网络舆情的热度下降。

（2）内生性衰减与替代性衰减

内生性衰减指的是互联网上的舆情并非因为政府的控制、当事人的公关等外部压力而减弱，而是因为舆情所指的事情在被化解，舆情所指的政府行为的偏离得到矫正，或是网民的某些情绪会因为事件或情况的改变而变得不那么强烈或自然而然地淡化，或是网民们自己修正态度、情感等，转而以一种更加平和的态度来对待事件和它所呈现的问题。

替代性衰减是指当网络用户的关注度和媒介容量受到一定限制时，网络用户的注意力会被其他新鲜事物所吸引，而媒介则会将更多的注意力转移到其他更重要的新闻事件上。另外，在某些情况下，政府或相关方故意创造出新的事件、现象或话题，以转移媒体或网络用户的关注。

（三）突发事件网络舆情衰减的发生条件

1. 舆情源的减少或消失

网络舆情源减少的情况是多方面的。一是减少了事件来源，即事件的发生诱因、发生过程、参与主体、处置、应对等与网络舆情的原事件有关的信息都已经被完全地披露出来，因此，网民们已经完全了解事件的发展趋势，已不可能再引发新的舆情。事件来源的减少是舆情源减少或消失的最主要和最基本的原因。二是新闻报道来源的缩减，即网络舆情的制造者，比如记者、编辑、网络精英、意见领袖等，要么认为事情已经清楚，就不会再发表相关消息，要么是因为担心舆情的影响力减弱，不愿再投入时间和精力，要么是网络精英和意见领袖、流量博主的注意力已经发生了变化。公众舆论的缺失或直接制造者的缺位或不作为，是舆情减少或消失的重要原因。三是衍生源数量的下降，即与事件有关的事件或主体，例如政府对事件的处置、事件的外部参与者（展开调查的网友）等，已经不能得到网民的关注，或者已经变得越来越清晰，不具备引发舆情的能力。

2. 舆情通道的窄化

在我国，舆情传播渠道的狭窄或阻塞主要体现在以下四个方面。一是外部对传统媒介的影响使其传播渠道变得狭窄，其网络端或网络评论员也具有一致性。二是互联网传播渠道的狭窄，表现为相关方对某一事件不予以关注或回应，或者因为网络媒体找到了一个更有价值、更吸引人的热点，它们已不再将注意力集中在那些只会吸引少数眼球的老话题上。三是舆情传播者的行动或言语受相关平台管理方的规则限制，不能及时地发布，新的舆情就难以形成。四是舆情渠道的复杂化，舆情渠道充斥着各种恶搞、调侃和游戏化、娱乐化，甚至是暴力化的言论，使得部分舆情传播者不再愿意表达严肃、理性的观点。

3. 舆情传导动力的消退

一方面，网民会对某一具体的事件进行关注，而当某一事件的信息较为充足，或不再有爆点或热点时，网民便不愿将自己的注意力放在该事件上。另一方面，由于网民的关注，网络精英或舆情发布者具有创造舆情、发布和传播舆情的动机，当他们意识到自己引发的舆情没有得到足够的重视和热烈讨论时，他们就没有了继续发布信息的动力。此外，网络媒体还会按照自己的兴趣爱好和网友的喜好来搜索或挖掘某种类型的舆论，当网民的注意力、关注点或兴奋点发生改变时，网络媒体就失去了进行舆论生产和传导的动力。尽管这种传导的动力主要表现在网民、精英和媒体等多个层次，但是最主要的、最基本的传导动力还是网民。当网民对一件事情以及与之有关的要素不再感兴趣、不再有诉求和需求时，其他相关的主体就会将这种传递行为减弱。可以说，其他主体的传导动力来源于大众化的网民，而网民的传导动力则来源于自身的兴趣、诉求和需求。

4. 舆情目标的实现

互联网上的舆情，是有指向性的，有指向的舆情才有生命力。但是，当一个舆情的指向元素消失，舆情也就失去了存在的意义。首先，一个特定的舆情，是一种动员，当所有人都参与进来的时候，这种动员性的舆情就失去了动员的持续动力。如果某些舆情是一个特定的流言，那么当事实被公布之后，流言就失去吸引力，没有活力了。其次，舆情指向的是政府对事件进行了积极处理，公开真相，相关当事人道歉或采取措施，如果这些目标已经达成，那么舆情自然而然不再被网民关注。最后，部分舆情是以某一时期的事件为中心生成的，当新的事件发生后，以老的事件素材为基础的舆情将被新的事件所取代。

5. 舆情自行消退

尽管某些类型的网络舆情在初期就能引起网友的关注，但是，在某些特定的维度上，政府或者有关的利益主体往往会刻意地忽视和回避一些特定的方向和情绪，于是舆情就会由于得不到回应和回馈，而成为一种单向的"自吹自擂"。由于缺乏"对话"或"响应"主体的缺失，单边舆情逐步失去关注的优势，也就是由于预期效果或力量不能有效发挥，导致舆论"无可奈何"地自行消散。比如，在某一事件中，有很多的舆情请求对某一方进行处罚，但政府部门对于网络舆情的诉求采取"三不"的方式，即不回应、不处理、不表明立场。因此，由于政府消极作为或有意为之，舆情就失去作用。此外，一些舆情是针对制度、体制、社会或长期存在的问题而产生的，这类诉求一般不能"及时兑现"，经常沦为网友"自说自话"，随时间推移而自行消散。

6. 舆情参与主体的减少

在突发事件的初始阶段，由于好奇心等因素，有相当数量的网民对某一事件进行关注。在多数情况下，大众网友关注的时间相对较少，仅限于事件的相关进展和自己感兴趣的公众号推送内容，对后续的政府善后工作则并不一定关心。而网络精英或者是意见领袖，则是为实现对舆论的引导，或者是彰显自身影响力。当事件的舆情延伸时，舆情主体数量一般会逐渐下降，而舆情主体数量的下降势必会导致舆情的下降乃至消失。总体上看，舆情主体数量的下降，主要体现为参与事件的网民数量的下降，这是由于多数情况下，网络舆情对其他主体的行为具有一定的影响和引导作用。但是，也不排除有网民或博主为了自己的利益，或为了博眼球以获取流量来进一步激化舆情，从而产生网友和其他特殊主体之间的交互或重叠反应。

突发事件网络舆情的
应急预案

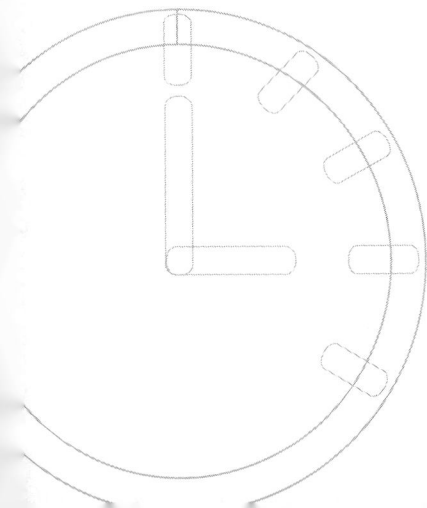

重大突发事件网络舆情具有突发性，这就需要相关部门时刻准备着，严阵以待。这对于相关部门的危机管理能力是一个巨大考验。只有建立一套危机管理机制，掌握风险评估方法，制订突发事件网络舆情应急预案，才能有效地应对突发事件引发的网络舆情。

一、突发事件网络舆情的危机管理和风险评估

（一）突发事件网络舆情的危机管理

1. 突发事件网络舆情危机管理体制

突发事件的网络舆情多源于突发的、具有较广泛社会影响或易于引发网民情感共振的事件，也对其产生反作用。对突发事件的网络舆情进行有效处理，要与现实紧密联系起来。《中华人民共和国突发事件应对法》第四条明确了"统一领导，综合协调，分类管理，分级负责，属地管理"的应急管理体系，并在此基础上提出了相应的对策。对这一管理体系，应从三个方面加以认识。

（1）统一领导与综合协调

在我国，国家的行政权力集中于中央，而国务院则是国家公共危机处理的主要责任主体，是国家最高行政机关。党中央、国务院在公共危机管理工作上，着眼于全局。国务院设立了安全生产委员会、国家减灾委员会和应急管理部等专门负责公共危机管理工作的机构。突发事件网络舆情是综合性的、联动的，单个部门很难对其造成的冲击做出有效的反应，它要求各个部门在信息、技术、物资、人员等各个层面友好协作，这就需要一个强有力的部门进行综合协调。承担这一职能的主要机构就是国务院安全生产委员会，

其职责包括加强对全国安全生产工作的统一领导，促进安全生产形势的稳定好转，保护国家财产和人民生命安全。

（2）分类管理与分级负责

为充分利用专业应急机构的力量，国家对各部门的职能和责任主体作了进一步界定，从而在各个专门领域建立起一种完善的舆情管理体系，并按照类别对各类突发事件实行分级管理。按照突发事件影响的大小及影响范围，由各级政府对其进行相应的处理：对于跨省、跨部门、特别重要的突发事件，则由国务院及其相关部门直接负责；对于其他区域性或一般的突发事件，则由当地政府相应级别的公共管理机构来进行应对。在此基础上，上级政府或相关部门可以对其进行引导、支持和协助，并初步建立起一个分级的管理架构和反应系统。

（3）属地管理为主

各区域因其历史背景、民风民俗和现实发展条件的差异，导致其网络舆情呈现出不同的特征。属地是指事发地的当地政府，在应对突发事件时，要将其作为一个整体来看待，以实现快速反应和协同反应。

2. 突发事件网络舆情的危机管理机制

突发事件网络舆情的危机管理机制，就是在应对突发事件的过程中，每个阶段都需要采取的一种运作模式。其目标是保证应急工作的有序化和规范化，减少随意性和盲目性，提高决策的科学性和有效性。实践表明，要想有效地处理突发事件中的网络舆情，必须有一套行之有效的科学工作机制。

（1）媒体应急机制

目前，各地区和各部门对制定突发事件的应急预案都给予了高度关注。新闻媒介的应急预案是新闻传播的一个重要环节，也是新闻传播工作的重要组成部分。要想在舆情上赢得主动，就必须牢牢把握住舆论的主动权。在突发事件中，媒体是否能够依照预先设定好的应急预案，及时地进行信息披露和引导报道的方向，常常会影响到网络舆情处置的成败。

（2）网络治理机制

要强化网络治理，必须依靠政府、行业和民众的合力，形成政府监管、行业自律和社会监管三位一体的网络治理模式。从我国的情况来看，要建立党委政府统一领导，宣传部门牵头，互联网信息办公室主抓，相关部门协同的领导和监督体系，加强对在线舆情的统筹、管理和引导。党委、宣传部要把好舆情导向，做好突发事件的网络舆情引导；宣传、通信、公安等部门要承担网络信息内容管理、网络产业管理和打击网络犯罪的责任。与此同时，应充分发挥网络产业协会的功能，促进行业自律，杜绝不良信息的滋生。只有齐抓共管、共同努力，才能在一定程度上控制住突发事件网络舆情。

（3）新闻发布机制

新闻发言人并非自然人，而是机关和团体的代理人，需要相关的体制与机制来保证其职权的行使。第一，要建立一支服务队伍，负责联系媒体记者，搜集并分析舆论，撰写新闻稿，拟定答复稿，组织活动，与有关部门进行沟通和协调。同时，要搭建舆论分析平台，对舆论进行及时的全面研判。第二，要建立快速响应机制，对发生在当地的突发事件和网络舆情要迅速核查，形成统一的意见，并及时公布。第三，要建立重大情报汇总机制，确保新闻发言人能够及时了解重大情报。

（4）联动合作机制

突发事件的真实原因复杂多样，在应对过程中所需开展的工作也是纷繁复杂，仅凭单一的信息传播机构是远远不够的。联动机制可采用信息交流会、重大舆情会商、处置通报等多种方式，力求将政府议题、媒体议题、公共议题三者有机融合，引导突发事件网络舆情走向有利于事件处置的方向。

（5）责任追究机制

问责有助于防止网络舆情在突发事件中激化，维护党委、政府的形象与声誉。2009 年 6 月，中共中央办公厅、国务院办公厅印发的《关于实行党政领导干部问责的暂行规定》，将"对群体性、突发性事件处置失当，导致事态恶化，造成恶劣影响的"等七种情形纳入其中。这不仅为构建问责机制提供了现实基础，也为突发事件网络舆情应对工作的顺利进行提供了保障。

（6）总结评估机制

在突发事件网络舆情平息后，要对事件发生前、事件中、事件后三个时期的舆情特点及处置成效进行认真归纳和评价。要运用质性和量化的手段，对整个事件尤其是关键点的舆论应对措施和效果进行详尽分析和评价，对经验和教训进行深入的总结，对舆情产生机制进行研究，把握住舆情处理的规律，同时，对突发事件中的舆情处理方案进行适时的修订，持续加以完善并提升处理的效率。

（7）资源保障机制

资源保障主要有三个方面：法律、人才、资金。充分的保障是应对突发事件的有力保证。我国是一个依法治国的国家，法律是国家各项工作的基础和保障。除此之外，在应对突发事件时，人力资源和资金支持是关键，吸纳专业人才可以提升网络舆情处理的效率，有效降低网络舆情对社会的消极影响。

（二）突发事件网络舆情的风险评估

1. 突发事件网络舆情风险评估的方法

（1）定量分析法

定量分析法就是将资产、风险等进行量化，并将其转化为财务价值。该方法的优势在于可以提供定量的数据支撑，风险带来的损失可以通过财产价值来计算，具有清晰、易为管理人员所了解和接受的特点；其不足之处在于，其对产权的作用大小依赖于参与人的主观判断，且计算过程烦琐，至今尚无规范的、统一的数据库。

（2）定性分析法

定性分析法是基于对突发事件网络舆情的历史统计，对社会上同类事件的网络舆情进行统计，结合专家的经验，在对政府官员、网络技术人员、专家学者进行访谈与问卷调查的基础上，对资产的价值进行加权，然后估算某类资产的风险程度。定性分析法可以根据程度的差异对风险进行分类，从而避免传统方法中潜在的偏差。在风险分析中，定性分析法被广泛应用。

（3）专家咨询法

专家咨询法是历史最悠久，也最简便的一种方法。在进行风险评价时，应先邀请若干专家出席评审会，对风险的种类、范围、作用过程等提出各自的观点，最终经过商讨，达成更具共识的评价结论。

（4）德尔菲法

德尔菲法，也称专家调查法，是对专家议事规则的进一步发展，它的本质是一种反复、不记名的磋商，是一种反馈匿名函询法。通过中介组织，邀请专家对风险的种类、范围、作用过程等进行匿名评价，经过商讨达成共识。德尔菲法通常要经历多次反馈，其程序大体为：首先，由评价主持方提出一份背景资料，并编制一份风险清单，咨询人将特定的建议填入；其次，对咨询建议进行汇总，并向被咨询人反馈，被咨询人提出自己的看法；最后，将以上过程反复进行 3 至 5 次，并对评审的结果进行统计学分析，最终形成风险评估结果。

（5）概率风险评估法

这种方法是利用故障树对网络舆情的根源进行剖析，并将其定性和定量的计算有机地结合起来，逐级分解系统并将其转换成初始事件，然后利用概率和数学统计方法对危险事件的发生概率进行估计。概率和数学统计学注重统计资料和历史之间的联系，以大样本为起点，且要求研究对象满足一定的代表性分布，因此，概率风险评估法需要海量的综合风险评价历史数据，用累积的方法确定风险的发生概率。然而，由于信息系统安全风险所涉及的因素较多，且存在较大的不确定性，所以人们通常难以获得以往的风险评估资料。从这个意义上看，概率风险评估法在现实中较难得到真正应用。

2. 突发事件网络舆情风险评估结果的运用

风险评估的结果粗略地表现为风险元素和脆弱性两个方面。两者的强化都会造成更大的风险，因此，在运用风险评估结果时，必须同时考虑到两个方面。目前，网络舆情传播渠道不畅、谣言澄清不畅、反应速度慢、回应口径不一等易引发风险。只有识别出风险，才能采取相应的对策来减少风险。在应对突发事件时，应从以下三个方面进行防范。

（1）加强突发事件网络舆情的搜集与研判

首先，我们应该成立一个舆情搜集和研判机构。建立"上下左右、互通互联，层层把关、积极落实"的信息搜集与研判工作网络。其次，要弄清搜集的途径。信息的搜集通常分为两个部分：一是日常搜集重要、敏感的舆情趋势，二是突发事件后的信息搜集。其具体途径包括官网、微博、QQ群、微信群、直播平台、视频平台等。最后，要客观科学地做好舆情研判工作。利用科学的判断模式和方法，客观科学地分析舆情的来源、参与人员、舆论规模、网民情感、媒体、政府等因素，预测未来的舆情趋势并防范潜在的风险。

（2）准确及时地报送舆情与发布信息

在以往的突发事件中，上报舆情和发布消息通常都是薄弱环节。掌握舆情的时机是短暂的，只有将舆情及时上报，才能增加我们抓住机遇的概率。在上报舆情的时候，做到第一时间及时上报，讲究方式。一般情况下，上报的舆情和发布的消息是紧密相连的，在发布消息的时候，一定要考虑到发布的时间、地点和形式等因素，让信息发布的效果更好，从而减少网民的疑虑。

（3）做好媒体服务工作

在突发事件中，网民会通过多种途径向政府咨询，做好新闻媒介服务工作，是防范和化解危机的关键。媒介服务主要包括新闻采访、现场管理和网络问政。在充分发挥网络舆论监督作用的同时，也要主动做好信息服务，实现对突发事件的公开和透明处理，从而有效处置舆情。

二、突发事件网络舆情的处置预案

突发事件网络舆情处置预案是处理危机的一个重要环节，它确定了在突发事件网络舆情出现之前、发生过程中和结束后，由哪些人负责，干什么，什么时候干，采取了什么样的战略和资源准备。它是根据可能出现的突发事件的网络舆情、它们的影响力和后果的严重性，在预案和处置的所有环节都做出详尽的安排，是及时、有序、高效地进行应急处置的指导。

1. 突发事件网络舆情处置预案制订的原则

（1）完整性原则

在制订突发事件的网络舆情预案时，要综合考量其发展过程，从对突发事件的网络舆情的防范、处置过程中的应对，对舆情处理的各个层面和工作内容都要有一个统筹的安排，其中包含了危机处理的目标、为达到既定目标所做的各项工作安排等。

（2）预见性原则

应急预案虽然无法预测突发事件中的各种可能，但应该具有一定的前瞻性，以提高相关机构对突发事件的应急管理能力。应急预案一般要对如下内容进行预估：第一，分析该区域各类突发事件发生的本质及成因；第二，对突发事件及其网络舆情的走向进行分析；第三，分析在不同等级的突发事件中，网络舆情所能调动的资源；第四，应对突发事件所能采取的对策等。

（3）主动性原则

不安定因素在现实和网络社会中普遍存在，这就决定了突发事件应急预案的制订与修订将是一个长期过程。所以，方案中的一切措施都要有主动性，也就是在各种可能出现的情况下，对方案进行积极的规制，以避免网络舆情的影响进一步扩散。

（4）可操作性原则

突发事件应急预案中的各项措施必须充分考虑环境和资源条件，具有可操作性。应急预案文字应简明易懂，如有需要，可以使用标识或图形。应急预案也是一种针对突发事件的网络舆情的预防、处理、管理和恢复的系统，它具有强制性、权威性，各个组织和民众都要遵循。因此，它的规定一定要简单明了。应急预案的制订是一个对有关部门进行动员、协调和宣传的过程，同时也是让处理机构在突发事件中明确各自的目标与职责，并在组织内建立相关的规章制度。在这个过程中，要对各个部门、各个岗位的工作方式进行不断的细化。

（5）层次性原则

依据应急预案制订单位级别的不同，应急预案分为不同的层次，每个层次具有不同的权限。在此基础上，针对不同类型的网络舆情，建立相应的应急预案，提高了应急预案的针对性、科学性和实效性。

2. 突发事件网络舆情应急预案的内容

不同的突发事件，其应对预案也各有不同，但总体来说，其主要内容应该包含基本预案和功能性附件两个方面。

（1）基本预案

基本预案由如下五大部分组成。

第一，介绍性材料。这部分主要包括：法律、法规和规章制度，明确政府在处理突发事件中的网络舆情时所应承担的法律职责；签署文件，由各有关机构的主要负责人签署，以表明其对预案承担的责任；计划书的名称及日期页，标明拟定或修订的日期；发放记录，对执行计划的单位、部门进行记录；将业务计划书中的内容按页数进行分类。

第二，目标。这部分阐述制订预案的原因及目的。

第三，情况与假设。说明预案的应用范围，说明可能出现的危险、影响及制订预案的基础。

第四，行动概念。界定在何种时限、由何人主导、采取何种对策，大体上包含如下内容：各级政府与下级政府、同级政府的职责划分；启动应急方案的进程；对各层级的作业进行早期预警，并明确其工作职责；突发事件发生之前、发生中和发生后所采取措施的总体结果；哪些人有资格提出资助，并符合哪些要求。

第五，机构和职责的分工。确定网络舆情的处置机构，明确各部门的职责，以及安排党委和政府的主要负责人、分管负责人、公安部门负责人、卫生和医疗部门负责人、紧急事态行动中心主任、网络监测部门负责人、通信部门负责人、信息部门负责人、资源管理者。

（2）功能性附件

功能性附件是指在应对突发事件时，对各功能体系所需的行为计划进行综合。功能性附件的功能体系大致可分为以下六个部分。

第一，命令与管制。建立各种机制，引导并协调各社区运用一切资源，切实对紧急情况做出反应。

第二，通信。建立应急响应机制，保证应急响应机构与当地有关部门间的快速联系。

第三，预警。在此基础上，进一步明确预警体系在网络舆论发布中的职责与程序。

第四，突发事件公共信息。对紧急事件发生前、中、后向公众公布消息的方法和途径进行说明。

第五，资源管理。对网络舆情应对所需资源的获得方法和程序进行规定。

第六，风险评估。明确评估机构、评估结果上报流程等。

第十四讲

突发事件网络舆情的
处理技巧

在数字时代，人们的生活与网络紧密相连，重大突发事件的网络舆情已经成为影响社会稳定和民生福祉的重大问题。前文已对重大突发事件网络舆情的概念、演变规律及应急预案做了介绍，我们将归纳出六种重大突发事件网络舆情，即重大项目部署类事件网络舆情、重大谣言类事件网络舆情、重大反腐类事件网络舆情、重大涉警涉法类案件网络舆情、重大公共事件类网络舆情、重大社会民生类事件网络舆情。我们将对这几类重大突发事件网络舆情的特点和应对技巧进行解释，应该看到，只有掌握了它们的特点和应对技巧，才能将它们对社会大众的危害降到最低。

一、项目部署类事件网络舆情处理技巧

由于社会经济的不断发展，耕地、淡水等资源日益宝贵，人民群众的环境保护意识、参与决策意识也在不断增强。在过去追求快速发展的阶段，部分地方政府"以 GDP 为导向"，盲目上马了一些具有社会生态风险的项目。在重大建设工程实施之前，有关部门缺乏对社会及环境风险的评估机制，对项目的公示、民意的采集等环节没有给予足够的重视，造成了民众对其不了解，产生了一些错误的认识，认为此类建设项目危害健康和社会的利益。因此，这些重大工程受到了群众的强烈反对和抵制，引发了群体性事件。从厦门和大连 PX（对二甲苯化工项目），到什邡、启东和镇海的群体性事件，都是因为重大工程的实施而引起的社会舆情事件。

（一）舆情特点

1.人民法治意识和参与意识提高

人民群众对民主和法治的认识将进一步加强，并积极地参与到政府的政策制定中来。随着人民群众对生活品质的需求越来越高，环境保护意识也越来越强，对于以污染环境或过度消耗资源为代价换取经济的迅速发展，社会大众已经无法接受，于是质疑以生态环境为代价的项目或形象工程建设，并提出信息公开的要求。"绿水青山就是金山银山"的社会共识越来越坚定，公众开始自觉地、自发地、群体性地表达自己的诉求，这是我国民众的文化素养在不断提高的表现。

2. 产生和发酵于社交媒体平台

社交媒体微博、微信和短视频平台等已经成为网民表达观点及相互联络的主要平台，而社会化媒体则是重大建设工程类事件网络舆情的"发酵场"。每当一项重要的工程或一座城市的基础设施开始动工的时候，如果有网友在微信等社交媒体上发表意见，转发相关信息，在邻避效应、抵触情绪的影响下，这会在第一时间引起大量网友的评论、转发和关注，人们也会通过QQ群、微博、微信等方式扩大其影响力。若不及时处理，网友将从线上"围观"转为线下，线上与线下频繁地交互将使事件走向极端与暴力。

3. 人数多、层面广、危害大

因为重大建设工程类突发事件舆情涉及的范围很广，牵涉到很多利益相关者，所以这类事件一旦发生，就会引起网民的极大关注，在网络上引发大量的评论、参与和转发，甚至发动一场线下的行动。一旦形成不同群体，就很容易出现群体极化，从而引发剧烈冲突，给社会带来巨大破坏。

4. 项目停建或搬迁收场是常见结果

重大建设工程类突发事件舆情出现后，一旦发生了大规模的示威活动，政府想要平息这场骚乱，最好的办法就是改变计划，要么搬迁，要么永久停工。工程"叫停"在一定程度上可以起到缓解舆情的作用，但未必就是一个正确的决定。就像一些事情发生之后，很多网民提出了疑问："叫停"就一定对吗？投资上百亿元的大项目，在没有走法律手续的情况下就这么被叫停了，这给后续的工作带来了许多麻烦，比如之前签的合同还有没有法律效力，企业的损失谁来赔偿，企业能不能起诉政府，等等。这种以点带面的政府形象，将极大地影响经济的发展与社会的稳定。

（二）应对技巧

目前，我国重大建设工程类舆情的风险评估机制还存在不完善的地方，相关各方有待进一步增进交流与沟通。在工程施工中，有关部门忽视民意，反应极化，处理方法僵化。在面对环境问题所引起的社会矛盾时，必须采取理性、规范的运作方式，以保障公共利益和寻找经济增长空间之间的平衡。

1. 建立重大项目舆情风险评估机制

在对直接关系到民众利益、涉及面广、有可能引起社会稳定问题的重大工程项目进行决策的时候，当地政府应该事先分析、预测和评估这类工程的潜在风险，从而对其进行风险评估，并对风险进行预防、化解和控制，注重从根源上减少风险的发生。

2. 要重视民意调查和舆情分析工作

地方政府在引入某些产业和项目，或者在对传统企业进行改造与管理的过程中，要真正站在全民的角度上，兼顾经济效益与社会效益，将环境评价与社会风险评价结合起来。在规划建设过程中，相关部门应将民意调研融入工程规划建设，并依据民意调查的结果对规划进行修正和完善。这类工作可以由民间、半官半民或政府机构来完成，相对于官方民意调查，媒体、环保非政府组织等第三方组织具有独立公正的特点，可以在政府和民意的沟通中起到积极作用。

3. 在项目公示阶段要做好宣传工作

通常而言，人们对重大工程项目的公告并不一定在意，只有真正涉及自身利益时才会注意。因此，仅在网页上公布项目信息的做法已经不能满足当地群众的需求，政府部门要充分发挥传统媒体，如地、市、县的广播电视、公众号和报纸的功能。同时，还应该重视群众的诉求，开放表达途径，面对问题，做出正确的反应，邀请有关专家、学者和第三方组织对该计划的利弊进行合理解读，保证与民众之间的交流通道能够保持畅通，真正做到平等对话并将其制度化。"对话"缺位造成的"信息真空"，是引发群体性事件的"定时炸弹"，如不及时补足对话环节，舆情将难以避免。

4. 相关法律和法规建设不断完善

随着我国法治建设不断完善，以及人们对法治的认识不断增强，许多社会管理问题都需要通过司法途径来解决。司法程序成为公民表达诉求的便捷途径。通过司法途径，可以有效地防止"政府让位舆论"的现象，保护有关利益方的正当权益。双方都出示了相关的理论和事实依据，在法庭上由专家学者出庭论证，由法官和律师进行交叉诘问，让人民群众对该工程的必要性和合理性有一个全面的认识，而不是被传言所误导。

5. 建立完善的舆情应急预案

一个健全的舆情应急预案，就是要保持部门之间的联系，加强信息的交流，以及对网络舆情特别是负面舆情的监测、预警和控制，以实现对互联网上的舆情危机的有效解决。这主要包括监测、预警和应对三个步骤：在监测阶段，相关部门和个人要密切注意网上舆情的内容和趋势，充分、正确地把握新的情况和动向，并及时做出反馈；在预警阶段，对网络舆情的内容进行判定与分析，甄别出正在形成并具有较大影响力的舆情，为后续可能出现的网络舆情趋势做好各项准备；在应对阶段，出现真实的网络舆情时要及时有效地解决危机，消除负面影响。

6. 与公众平等对话，做好信息公开工作

群体性事件发生后，政府有关部门要在最短的时间内赶到现场，对民众

的情绪进行安抚，同时要注意听取和重视群众的意见，开展平等对话，要做好信息公开与公布，包括政府与公众的沟通、必要的项目（政策）解释、最新的情况通报，起到上传下达的作用，防止网络谣言的滋生与扩散。

7. 政府部门要理性处置

在公民法治、民主意识日益增强的今天，动用警力一定要慎重，否则只会滋生谣言，使事态进一步恶化、复杂化。特别是针对女性、儿童和学生等社会弱势群体，要特别注意避免负面新闻的出现。同时，对于群体性事件中出现的人员伤亡传闻，要及时表明立场，敢于承担责任。在网络媒体盛行时代，警力的滥用会导致二次舆情灾害，不良情感在网络上迅速蔓延，引发次生舆情灾难，让政府陷入被动境地。

8. 提升政务平台运营技巧，加强与意见领袖沟通

对于不同的传播主体，要有不同的话语要求，而不恰当的话语往往会适得其反。比如，在什邡事件舆情最汹涌的时候，"活力什邡"微博上突然冒出一句"坚决维护人民群众合法权益，坚决维护社会和谐稳定"这样的标语，引起了网民们普遍不满。另外，意见领袖在舆论发展中扮演着关键角色。在群体性事件中，有很多意见领袖都会参与到舆论的传播当中，所以政府需要与舆论领袖进行有效的交流，让他们能够更好地引导舆论。

二、谣言类事件网络舆情处理技巧

谣言的传播方式因科技手段的更新而发生了改变。网络的匿名性、开放性、互动性和时效性为流言的扩散提供了有利的环境。随着网络科技的飞速发展，网络谣言也呈现出愈演愈烈的趋势。比如广元发生的"橘蛆"事件、金庸先生的"被逝世"、响水县的"化工厂爆炸"、"抢盐"事件、沈阳的商铺停业事件……都是网络谣言引发的。其中，谣言的无序传播增加了事态的复杂程度，也增加了公众舆论的处理难度。部分突发事件的传播伴随着大量

谣言，比如武汉雾霾、天津蓟县火灾等事件。

（一）舆情特点

1. 社交媒体为网络谣言滋生提供土壤

在网络上传播谣言的方法主要有捕风捉影、凭空捏造、移花接木、断章取义等。网络流言产生的原因有二：第一，在传播的过程中，信息的异化和歪曲，造成谣言；第二，一些人出于一定动机，故意将消息加以扭曲，产生谣言。当前，谣言的传播途径通常是这样的：谣言先由社交媒体、自媒体引发，引发更大规模的舆情，然后经历了各种社会媒体的二次加工与深度处理，使谣言的舆情影响力进一步放大，最后吸引传统媒体的跟进。

2. 重大公共危机事件引发谣言的传播

公共事件因涉及多数人的切身利益，极易引发网民的大量关注及参与评论和转发。不管是由谣言引起的舆情事件，还是伴随着突发事件而产生的谣言，在没有得到及时澄清的情况下，都有可能引发各类次生灾难，给国家、社会和个人造成极大损失。

3. 部分信息公布不当导致谣言产生

谣言的扩散与有关部门对消息的封锁、不能及时公布有直接关系。谣言止于真相，对于谣言的处理，最好的方法就是及时披露实情。在公共事件中，如果有关部门隐瞒真相，不公开实情，或在信息公开方面进展缓慢，那么就会造成谣言四起，形成一种病毒般的传播趋势，使舆情失去控制。

4. 公信力下降导致谣言传播

在一些舆情事件中，官方给出了不符合常理的解释，就会引起人们的愤怒、不满和嘲讽，产生一系列社会舆论，形成民众对事件的怀疑态度。如何提高公众对政府的信任度，是当前政府要面对的一项重要任务。

（二）应对技巧

1.加强信息公开程度和辟谣力度

在处理谣言的过程中，有关部门要依照法规公开信息。在出现谣言的时候，有关部门要及时发布正确的消息。在辟谣方面，也要加强与传统媒体的合作。在发布新闻时，既要关注官媒，也要关注非官方的网媒。同时，政府也要加大对谣言的监测力度，适时干预、及时发布，防止流言演变成谣言进一步扩散，扰乱社会公共秩序。

2.积极与意见领袖、民间组织沟通合作

目前，我国有一些民间组织正在积极参与辟谣工作。政府应该鼓励各学科、各领域的专家学者成立第三方监测组织，对参与辟谣工作做出突出贡献的组织或个人予以充分肯定，并在政策上给予相应的支持和保障。

3.建立网络空间自治制度与辟谣机制

近几年来，由于网络发展所暴露出来的各种缺陷，互联网产业也相继开展了一系列的行业自律活动。比如，新浪成立自律委员会，这是一个专门负责澄清谣言的部门。这类行动对网络上的言论起到了一定的调节作用。

4.运用法律手段，加强网络谣言监管

有关部门要制定一系列的配套法规。那些在网上散布谣言的人，如果真的侵害了他人的权益，将受到法律的制裁。在行政上，应加大对恶意造谣者的处罚力度。在此基础上，进一步探讨辟谣协作机制，联合发布消息，提高辟谣送达率。

5.要积极提高广大网民的信息素养

网络用户信息素养的提升，将会增强他们对基本常识的识别，从而降低由种种客观原因造成的信息扭曲。对于那些经常夸大、篡改、歪曲

事实的网络用户，要甄别其言论的客观性和真实性，谨慎地转发他们的言论。

三、反腐类事件网络舆情处理技巧

网络反腐是网络环境下公众监督的一种新形态，由最初的"电子政务"平台发展到如今的各类社会化媒体。网民通过网络揭发贪腐、制造舆情热点，从而"倒逼"有关部门进行侦查，对行政、司法等方面的监督起到了很好的辅助作用。从"天价香烟"的房管局局长，到"香艳日记"的烟草局局长，到"微博开房"的卫生局局长，再到杨达才的"表哥"，到"房叔"蔡彬……这一切微博反腐、论坛爆料，都彰显了网络反腐的强大力量。

（一）舆情特点

1. 网络反腐正在成为人们的首选反腐手段

与传统的社会监管方式相比，在线举报具有快速、有效的特点，且成本较低，风险较小，易于形成舆情热点。在各大网络平台上，不乏利用互联网进行监督的反腐败信息。新华网曾就"反腐败问题"进行网上问卷调查——"你最愿意用什么渠道参与反腐"，统计数据显示，75%的受访者选择用网络曝光。

2. 舆情事件不断深入挖掘，话题多样

网络反腐的基本流程是，网民在社会化媒体上揭露真相，吸引更多的网民关注，进行跨媒体传播，舆情不断被放大，形成巨大社会影响。意见领袖一旦参与进来，就会迅速将这件事炒热，让其成为民众关注的焦点，然后传统媒体介入，促使政府和司法机关展开调查。当前，一些网络反腐舆情有将其他议题与腐败联系在一起的趋势，使政治议题和生活议题互相渗透，当然娱乐的特质也可以吸引更多的民众，提升网民的关注度和参与热情。

3. 网络信息繁杂，真假难辨

网络举报是一柄"双刃剑"，我们在认识到其在反腐败领域具有的积极意义的同时，也必须认识到它所产生的诸多消极影响。由于种种形式的网络反腐具有偶然性甚至戏剧化的缺点，加之互联网上信息冗余繁杂，真假难辨，存在着利益集团驱动、权力争夺、人身攻击等多种动机与目的，还有网络谣言与意外伤害等现象，因此实际工作仍需通过线下工作扎实推进。

（二）应对技巧

1. 快速调查，及时回应

目前，各级政府部门都成立了舆情搜集和监测、治理组织，对各种新媒体平台的信息进行有序监测，一旦发现新的舆情动态就快速报告，并对其进行追踪研判。有关部门也会迅速启动调查，澄清真相，并对网民提出的问题及时做出回应。

2. 线上及时应对，线下快速处置

舆情产生于真实的社会矛盾，处理舆情最终还是要回到对其自身的处理上，只有在事件自身得到正确处理之后，舆情才能真正地平息下来。如果在网上迅速做出反应，而线下反应迟缓，则会引起网民的第二次倒逼、质询，舆情处理就会变得很被动，有关部门的公信力也会因此受到影响。只有在网上迅速反应，及时处置，滚动发布有关消息，才能让事件迅速平息下来。只有真正地解决了社会矛盾，才能营造出一个良好的网络舆论环境。

3. 法治化、制度化和规范化

互联网是反映群众意见的主要渠道，只有通过完善惩治腐败的法制，推动权力运行公开化、制度化、规范化，才能真正实现"人民对权力的监督，

让权力在阳光下运行"，从而推动网络反腐的持续健康发展。在当前腐败仍然较为严重的情况下，网络平台只是起到了提供反腐信息的作用，现实中，更多的是要通过顶层设计，将其纳入法治化和制度化的轨道。

四、涉警涉法类案件网络舆情处理技巧

在众多的社会舆论中，涉警涉法事件已经成为人们最关心的一个问题。多年前的孙志刚案、躲猫猫案……无一不对社会舆论造成震动。涉警涉法舆情事件，已成为网民热议的焦点。

（一）舆情特点

1. 引起网民关注，成为舆论焦点

在涉警涉法网络舆情中，民众的诉求大多与公权力、民生有关。此类事情一旦在网络上曝光，肯定会吸引很多人的关注。网民对涉警涉法网络舆情的踊跃参与，反映出网民的公民意识、法治意识正在逐步增强。网络舆情对涉警涉法案件具有显著的正向影响，可以促使有关部门主动办理，推动大案要案的迅速调查侦办，并对审判权的行使进行监督。将公共权力置于网民的监督下，是防止司法腐败的有效途径。

2. 影响司法独立性

网络舆论是否对司法审判产生过度影响，让法律更倾向于道德化和情绪化，这是人们争议的问题。大部分网络舆情都是建立在道德上的，人们关注的焦点并不在于某一特定的行为是不是合法的，而在于它是否合理合情。司法审判要"依法办事"，维护法律的尊严与神圣。要使司法公正、公平，法官就需要具备合格的职业素养，并对法律有着牢固的信念。

3. 攻击相关政治、司法制度

由于涉及公平和正义，社会高度关注的案件本身就很容易被民众从宏大

视野进行阐释。但同时，这也应引起人们的警觉，国外一些敌对势力，往往以司法案件为切入点，对政治体系进行渗透和破坏，企图以此破坏我们良好的司法环境，攻击我们的社会主义制度。

（二）应对技巧

1. 加大对敏感司法案件的信息公开力度

只有推进司法的公开与透明，才能保证民众对法律的了解与监督，才能防止由于信息不充分而引起民众的怀疑与不满。这就需要司法机关进一步公开司法资讯，除了一些保密资料，让大众知道案情的基本状况和详细情况，并指导大众对案情做出理性的评判。在此过程中，要加强与新闻媒介的沟通，掌握好新闻的来源，避免出现虚假新闻。另外，司法机关应积极与社会各界保持联系，在发生舆情的时候，及时澄清事实，消除误会，听取民意，组织研讨，完善舆论传播机制，占领舆论高地。

2. 规范案件相关人员的言论

在司法运行机制日益复杂化的今天，必须规范各方在司法活动中的行为。有些当事人、家属、律师对案件的审理不满意，往往倾向于通过网络、新闻媒体、微博微信等平台发布一些案例信息，让社会舆论朝着对己方有利的方向发展，希望影响到案件的判决。为避免一些人操纵舆论，必须对当事人及其亲属和律师的行为做出更详细的规定。一方面，司法机关应对每个人公开资料的内容与方法进行明确的规范，并将书面凭证告知到位；另一方面，司法机关应对不合规范的行为进行及时处置，并通过新闻媒介传递给民众，增强其识别能力，防止网络舆论影响法律。

3. 建立涉警涉法舆情应对的工作机制

构建公安部门涉法舆情信息搜集、分析、研判的工作机制，以促进公安部门对突发事件决策的科学、有效。各级政府特别是政法机关要构建起一套行之有效的舆情监测、研判、预警体系，以便在遇到突发情况时能够及时做出反应并处置，将损失降到最低。利用软件和人工对舆情进行搜集与监控，同时将当前的社会问题、网民的心理状态以及该区域网友关心的热点问题等相结合，对舆情进行判定，并对舆情的发展趋势进行预判，对有可能引发公众情绪的涉警涉法舆情进行预警。此外，创建涉警涉法舆情案例库和数据库是非常重要的，这既可以帮助我们吸取过去涉警涉法舆情的经验和教训，也可以在历史的演进和梳理中，找到涉警涉法舆情的演化规律，从而对今后可能出现的涉警涉法舆情做出有效回应。

4. 建立公检法相关部门的联动机制

近几年，一段时间以来因涉警涉法网络舆情屡见不鲜，各级政府，特别是公安机关，已基本建立起一套完备的舆情处置机制，并积累了丰富的舆情处置经验。在对一些案件的侦查上，公安机关运用微博征集案件线索，及时地公开报道，收到了不错的成效。当前，在一些具有重大影响的涉警涉法事件中，很多案件的当事人都不局限于警方和法院，还有司法、监狱等部门。在对涉警涉法案件进行侦查、审理和监督的过程中，要涉及公安机关的多个部门。所以，要想解决涉警涉法类舆情问题，多个部门之间就必须协作，形成一个有效的联动机制。

5. 加强政法干警的自身素质建设

在当前充分开放、高度透明的执法环境下，政法干警有必要不断提升自己的能力，特别是要树立理性、公正、文明、规范的执法观念，将这种观念贯彻到每个执法活动、每个执法步骤中，避免粗暴执法、知法犯法。

五、公共事件类网络舆情处理技巧

突发公共事件是指自然灾害、事故灾难、公共卫生事件和社会安全事件，它们会对社会产生重大损害。突发公共事件具有突发性、危害性、公共性和不确定性等特点，给社会带来巨大冲击。伴随着民众的公民意识与信息素质的提高，通过自媒体平台对事件中和事件之后所披露出的一系列问题进行询问，形成的网络舆论往往会影响到突发公共事件的演化过程。温州动车追尾事故、甘肃校车追尾事故、上海地铁追尾事故、天津蓟县失火、北京特大暴雨、河南兰考孤儿收养所火灾……这些都在新媒体的推波助澜下，迅速成为公众关注的热点。

（一）舆情特点

1. 考验政府相关部门的执政能力

突发公共事件往往具有很大的灾难性、破坏性，也具有较高的新闻价值、较快的传播速度，需要有关部门迅速做出反应。突发公共事件不仅给人民群众带来严重的人身、财产安全损失，而且暴露出了社会治理方面存在的诸多问题，增加了公众舆论响应的困难与复杂程度，给政府治理提出前所未有的新挑战。

2. 产生次生舆情

中国 40 多年来的经济发展与社会转型取得了举世瞩目的成绩，但是也不可避免地累积了各类矛盾。尽管党的十八大以来，各方面都有良好转变，但是，腐败现象、贫富差距、安全等方面依然存在各种矛盾和问题。突发公共事件的爆发，一定程度上暴露出了社会治理的不足与缺陷，而网络恰恰是解决这些问题的一个很好的方式和平台。民众关注的不仅仅是单个的突发公共事件，更多的是其背后的官员腐败、基础设施建设、社会治安等问题，因此，突发公共事件常常伴随着次生舆情风险。

3. 增加舆情应对难度

近年来，与重大突发公共事件有关的谣言依然难以根治。特别是在新媒体的快速发展下，传播途径变得更加复杂，传播模式也从单纯的口头传播向人际传播、群体传播等转变。这就导致了与突发公共事件有关的谣言在传播中容易导致"群体极化"。不管是恶意攻击性谣言，还是以谣言倒逼真相，都会造成较大的社会危害，给舆情处理带来较多的困难。

（二）应对技巧

1. 加强舆情处理

政府对突发公共事件舆情应给予足够的关注。一方面，要改变政府的观念，科学及时地应对突发公共事件的网络舆情。在突发公共事件中，要树立高度重视、实事求是、信息公开、科学应对的观念，坚持以人为本，应对和处置网络舆情，解决现实问题。另一方面，要积极主动，提高应对突发公共事件的基础能力。加强对网络信息的监督，及时发布客观的、权威的舆情信息，加强对舆情处理。

2. 健全舆情监测、研判和预警机制

各级政府都要设立一个专业的舆论组织，建立协调联动的机制，指定专业人员对网络舆情进行监控和预警，尽早发现苗头，尽可能把问题解决掉。这对争取时间主动处理舆情，能起到很大的作用。在对网络舆情进行监控、判断、预警的过程中，采用人工与电脑软件相结合的方法。我们要防止"技术决定论"导致形式主义，有效避免数字形式主义，把重点放在解决实际问题的制度建构上。

3. 引导民众参与舆论

在网络舆情事件中，民众与舆论引导在网络舆情传播中扮演着不同的角色。所以，要根据不同的目标，采用不同的方法来指导民意参与。要积极地与有观点的舆情领导者进行交流，倾听他们的想法和意见；对民众，应以正确的态度适时地展开沟通与对话。

六、社会民生类事件网络舆情处理技巧

民生问题是指与人们的生活息息相关的事情，其中最突出的就是人们的衣食住行，包括养老就医、子女教育等。比如，油价、房价、物价、公共卫生、失业、养老等，围绕这些方面的事件折射出弱势群体保障和收入分配等人民群众关心的、最直接的利益问题。这些舆情事件均与人民群众的生活息息相关，在社会上容易引起极大的关注，在不同程度上造成人们的恐慌、怀疑和不满。民意的背后，关系着人民的切身利益，也是人民群众最关心的问题。

（一）舆情特点

1. 民生问题的社会关注度高

在转型时期，整个社会的利益格局正在快速地进行调整，各种各样的社会矛盾逐渐暴露出来。衣食住行、生老病死等与人类最根本的生活息息相关的问题，越来越迫切地需要得到更好的解决。助力人民对美好生活的向往应该成为社会治理的主要目标。在网络的影响下，很多基层社会的矛盾被逐渐扩大，因为事情的普遍性，再加上网民们的心理，民生舆情一旦在网络上流传开来，很容易演变成一个热门话题。

2. 弱势心态广泛存在

在社会贫富差距较大的今天，一些低收入人群在社会比较中容易产生一种相对被剥夺的感觉，而高房价、高消费、食品和药品安全问题等，又加重了这种被剥夺的感觉。在社会民生类网络舆情中，网民一定范围内存在的仇官、仇富、同情弱者等心理，其本质是人民群众对公平、公正的社会秩序的向往与追求。

3. 谣言和不实信息

社会民生类舆情事件涉及面广，传播时间比较长，参加传播的群众受教

育水平各不相同，为了引起大众关注，一些网民在传播过程中掺杂进了谣言和不实信息。从广元的"橘蛆"事件，到抢盐风波等事件，这些关乎民生的大事几乎都与谣言等相伴而生。有的是受背后力量的操控，也有恶意渲染或网民恶搞的，导致社会和民生方面的舆情事件，一波未平，一波再起。

（二）应对技巧

1. 滚动式回复和播报

在这类舆情爆发的时候，民众亟须获得权威、透明的信息。以往的冷处理方式已经被多次证实无助于舆情化解。这种做法不仅忽视民众的知情权，而且在事后存在着缺位现象，为谣言滋生提供了温床。有关部门要深入调查、及时反馈、主动协调，对网民提出的问题做出反应，将阶段性的答复转变为滚动答复。

2. 多媒体联动

在应对这类舆情的过程中，要注重不同类型的媒体之间的联动，让主流媒体的积极导向作用得到最大限度的发挥，注意微博、微信、抖音等新媒体的合理使用。在出现谣言和不实信息的情况下，有关专家学者和科普组织要及时发表意见，迅速澄清真相。

3. 重视解决线下民生问题

在处理社会民生类舆情事件时，各级政府机构要真正地体察老百姓的情绪，真正理解老百姓的生活，抓住老百姓的诉求和愿望，以便有针对性地改善政府部门的工作。线上的回应，归根结底还是要看线下的行动，把民生指标更多地纳入政务考核体系，明确政府在民生投入中所占的比重，将会为这类事件的解决提供强有力的后盾。